人生洞察力书丛

穿越表象的密林

叔本华人生随笔

Arthur Schopenhauer

［德］叔本华 著

黄敬甫　［德］李柳明 译

中国·广州

图书在版编目（CIP）数据

穿越表象的密林：叔本华人生随笔 /（德）叔本华著；黄敬甫，（德）李柳明译. -- 广州：花城出版社，2025.7. --（人生洞察力书丛）. -- ISBN 978-7-5749-0430-9

Ⅰ. I516.64

中国国家版本馆CIP数据核字第2025SF6490号

穿越表象的密林：叔本华人生随笔

CHUANYUE BIAOXIANG DE MILIN: SHUBENHUA RENSHENG SUIBI

[德]叔本华/著 黄敬甫 [德]李柳明/译

出 版 人	张 懿
责任编辑	林 菁 鲁静雯
特邀编辑	罗敏月
责任校对	衣 然
技术编辑	凌春梅
装帧设计	DarkSlayer
出版发行	花城出版社
经　　销	全国新华书店
印　　刷	广州市岭美文化科技有限公司
开　　本	787毫米×1092毫米 32开
印　　张	7.75 1插页
字　　数	120,000字
版　　次	2025年7月第1版 2025年7月第1次印刷
定　　价	48.00元

版权所有·侵权必究。如发现印装质量问题，请与出版社联系。
联系电话：020-37604658　37602954

序 言

黄敬甫

叔本华是一位享誉世界的哲学家。19世纪堪称德国的哲学世纪，这个世纪后期的哲学以唯意志论和悲观主义为主，叔本华就是其最重要的代表人物。

叔本华于1788年2月22日出生在但泽，即今天的波兰格但斯克。父亲是一位商人和银行家，性格倔强固执，天资很高，很有商业头脑。母亲富有文学才华，曾出版过不少文学作品，是当时颇有名气的女作家。叔本华有一个妹妹，比他小9岁。

1793年，在普鲁士占领但泽之前，叔本华全家迁往汉堡。10岁时，叔本华又随父母到巴黎，在法国逗留两年，并学习法语。

1799年，他回汉堡后，父亲刻意安排他进私立学校学习商业。叔本华对经商不感兴趣，他希望成为学者。

在他15岁时，父母带他周游欧洲各国，途经现荷兰、英国、法国、意大利、奥地利、瑞士等国，历时两年，后返回汉堡。游历期间，父亲要他进修英语和法语，母亲要他写日记。

1805年4月，其父去世。1806年，母亲带着他的妹妹迁居魏玛，而他则留在汉堡。父亲给他留下一笔遗产，于是他放弃了商务。

不久他进入戈塔文科中学，后又改上魏玛中学。这段时期，他痴迷于拉丁文和希腊文。

1809年，叔本华21岁时，就读于哥廷根大学。第一年在医学系，第二年转入哲学系。在哥廷根大学他听了多门课程：物理学、化学、植物学、解剖学、生理学、天文学、气象学、人类学等，简直成了杂家。

由于对哲学的痴迷，1811年，他从哥廷根大学转入柏林大学。1813年，他完成了博士论文《论充足理由律的四重根》。他把论文交给耶拿大学评审，获得哲学博士学位。

叔本华获得博士学位后，回到魏玛他母亲处。在这里他见到了歌德。歌德很器重这个年轻人，建议他研究颜色学，他接受了，并于1816年出版了《论视觉与颜色》。在一次聚会上，歌德对在座的人说："他（叔本华）将来会比我们更加了不起。"

1814年，他迁到了德累斯顿。经过四年的努力，30岁的叔本华完成了他的代表作《作为意志和表象的世界》。他在给出版商的信中写道："我的著作是一个新的哲学体系，并且是一个不折不扣的新体系，因为这不是对某种已有的哲学体系的新的阐述，而是将一系列迄今为止还没有人想过的思想最高度地结合在一起的一种新的哲学体系。这部作品既不同于新的哲学流派的空洞而无意义的侈谈，也有别于康德以前时代废话连篇而平庸无奇的妄说。"华莱士在《叔本华的一生》中写道："当读者翻开《作为意志和表象的世界》时，最先获得的印象就是他那独特而优秀的语言。这里面没有像谜团一般的康德的术语，没有黑格尔诡异的辩证法，没有斯宾诺莎的几何学，一切清晰而有次序，美妙地集中于对主要概念——意志世界、斗争、痛苦——的论述上。"

这本书的中心就是意志论。叔本华认为人的本质就是意志。自古以来，人们皆认为人的本质是理性。他认为，这是原始谬论，理性不过是意志的向导。在人的生存意志得不到满足时，就产生了悲观厌世之念。叔本华哲学的重点就是阐述唯意志论和悲观论。在哲学史上，他被视为唯意志论和悲观论的重要代表。

1819年初，叔本华把《作为意志和表象的世界》寄赠给歌德。后来，歌德在给妹妹的信中，大赞叔本华的天才和文章风格。

1820年，叔本华被聘为柏林大学哲学系编外讲师。因为教学效果欠佳，他离开了柏林大学。六年后，他重返柏林大学，尝试再次举办讲座，但依然以失败告终。于是他离开柏林，迁居到美因河畔的法兰克福。

从此，他在那里钻研哲学，专心写作。1836年，《论大自然的意志》出版。1841年，《伦理学的两个基本问题》出版。1851年，《附录和补遗》出版，这是《作为意志和表象的世界》的附加内容，容量更大，他对在《作为意志和表象的世界》第一卷中首次提出的哲学原理做了详细的阐述和论证，涉及多方面的内容，广泛地讨论了形形色色引人深思的题目。从30岁建立起自己的学说体系，到63岁出版《附录和补遗》，这三十多年间，面对哲学教授们串通一气的阻挠，他的著作一直未能引起世人的重视。然而，《附录和补遗》的出版却赢得了如潮的好评，叔本华终于誉满天下。他的名字不断出现在全国的报纸杂志上，拜访他的各国知名人士络绎不绝。

1858年，他70岁生日时，祝贺函从世界各地飞来。他享受着迟来的盛誉，正如他所说："我生命的暮色成了我声望的朝霞。"

1860年9月21日，这位72岁的哲学家，在起床沐浴后，坐在沙发上安然去世。

叔本华在《论大自然的意志》中说："我这个人不属于自己的时代。"生前，他的哲学沉寂了三十多年。1813年出版的500册博士论文，过了十年之后，还有350册没有售出。他的代表作《作为意志和表象的世界》首印800册，一年半之内也仅售出100册。

叔本华去世后，他的哲学才获得更大的发展。到19世纪末，叔本华的时代到来了，在任何一本教科书中，在每一部近代哲学的教程中，即便没有专章，也至少有一节用来专门评述他的哲学。库诺·费希尔在其《近代哲学史》中用了整整一卷的篇幅论述叔本华哲学。一位瑞士哲学家在他的《叔本华，一百年之后》一书中说："叔本华成了一个被大加赞誉的经典哲学家……他不仅仅属于历史，因为直到今天，他仍然是真正的人道的鲜活标志！"叔本华的文集被译成多种语言，不仅有欧洲的语言，还有阿拉伯语、希伯来语、日语、朝鲜语等，论述他的哲学文献更是不计其数。

1911年10月30日，在美因河畔的法兰克福创立了国际"叔本华学会"。第二年，这一学会开始出版《叔本华年鉴》，这一年鉴至今还在出版。该学会召集了多次国际学术会议。

近代，很多思想家、文学家、艺术家，如尼采、瓦格纳、托马斯·曼等，都受到叔本华哲学的影响。尼采回顾自己的阅读经历，提到最令他震撼的三本书是叔本华的《作为意志和表象的世界》、司汤达的《红与黑》、陀思妥耶夫斯基的《罪与罚》。他回忆在购买叔本华的《作为意志和表象的世界》一书时的情景，这样写道：

> 有一天我在老罗恩的旧书店里发现了这本书，我就拿起来翻着。不知道是哪个魔鬼对我耳语："把这本书买回家去吧。"我平时的习惯是不急于买书，可是这次却违背了我这个习惯。回家以后，我拿着得到的宝贝倒在沙发的角落里，开始让那坚强的、阴暗的精神对我产生影响。书里每一行都呼喊舍弃、否定、绝对，在这里我看到一面镜子，在其中我看见极为卓越的世界、生活和特有的情感。

尼采接连十四天强迫自己夜里两点钟才上床睡觉，早晨六点又准时起床，他完全沉浸在这本书中。

叔本华的哲学思想对尼采影响很大，后来他成了继叔本华之后意志论的重要代表。但是尼采的意志论不同于叔本华的唯意志论。叔本华的意志哲学受佛教影响，但使人意志消沉，陷入人生的虚无主义，而尼采则否定叔本华的人生虚无主义。尼采的强力意志是一种推动力，是一种潜力，代表向上的有作为的精神。另外，尼采在《悲剧的诞生》一书中反对叔本华的悲观主义。

叔本华的哲学思想也对瓦格纳产生深刻的影响。1854年瓦格纳寄赠一部歌剧《尼伯龙根的指环》给叔本华，并称赞他的音乐哲学。瓦格纳的《尼伯龙根的指环》有解脱精神痛苦的手段，对叔本华哲学来说，在意志得不到满足时，就需要用艺术来慰藉和治疗。瓦格纳的经历使他对叔本华的学说产生同感。1854年，瓦格纳读了叔本华的代表作《作为意志和表象的世界》，事后他告诉著名作曲家李斯特：

> 叔本华对我来说，好像是一件礼物，从天上飞到我的寂寞之中。他是自康德以来最伟大的哲学家。他对生存意志的最终否定是极为严肃的，但唯一的是痛苦得到了解脱。使我清醒的正是这位哲学家，因此，我寻到了一剂镇静剂，它最终在那不眠之夜成为唯一有助于我睡眠的镇静剂，那就是衷心的和心灵深处的对死亡的渴望：全然失去兴趣、一切梦的消失、绝无仅有的最终的解脱。

显然,叔本华的悲观主义思想已影响了瓦格纳。

19世纪德国文化界出现了三颗闪烁之星:叔本华、尼采和瓦格纳。

本书各篇译自叔本华重要著作《附录和补遗》。

目　录

像天才那样思考，像普通人那样说话

阅读与书籍　003
论独立思考　015
论作者　033
论文学形式　045
论风格　053

时间是最佳辩手

论教育　077
论学者　088

论判断力　098
论嫉妒和名声　112
论面相　140
论噪声　152

历史是寓言式的

心理散论　161
对考古的若干考察　182
对神话的若干思考　189
关于音乐　199
学会一门外语　205
植物之美　216
比喻和寓言　219

附录

叔本华生平年表　227

像天才那样思考，
像普通人那样说话

阅读与书籍

一

无知只有伴随着财富才会降低人的身价。贫穷和困境压倒了穷人,他们忙于劳作,无暇求知,无暇思考。反之,无知的富人,只活在享乐中,类似禽兽,正如我们每天都能见到的那样。此外,还要责备这些无知的富人,他们没有利用财富和闲暇去创造极大的价值。

二

我们阅读时,是别人代替我们思考,我们只是重复他人的思维过程。这就像学生在学习写字时,用笔摹写老师用铅笔所写的笔画。因此,在阅读时,大部分思维活动是别人帮我们做的。所以,当我们自己不再思考问题而拿起书本时,就会感到轻松愉快。但是在阅读时,我们的头脑只是别人思想的活动场所。要是一直死读书,结果会怎么样呢?有人读很多书,甚至整天读书,这种不动脑子的消遣,暂且可以休养精神,但是其思维能力就会逐渐丧失,就像一个人总是骑马,最终不会走路一样。有许多学者就是这样,书读得愈多,就变得愈蠢。一有空闲时间就马上拿起书本,这种持续不断的读书比连续手工劳动更容易使人的思想失去活力,因为在从事手工劳动时,也要动脑筋。一根弹簧不断受到外物的压力,就会失去弹性;同样,我们的思想不断受到别人思想的侵入,也会失去弹性。一个人吃得太饱,就会损坏肠胃和身体;同样,精神食粮太多,就会充塞我们的头脑,让人窒息。书读得越多,留存在头脑里的东西就越少,此时头脑就像一块黑板,上面布满了反复书写的密密麻麻的东西。读书只有经过思考才有心得,正如食物吃下去之后还要经过消化过程才能给我们提供营养。如果我们不断地阅读，而后又不去思考，那么读过的东西就不可能在头脑里生根，大部分就会淡忘丧失。总而言之，精神营养与身体营养没有什么两样：我们吃下去的东西中，能被吸收的几乎不到五分之一，其余的则因呼吸、蒸发等作用而消耗殆尽。

况且，书本中的思想不外乎是一个行者在沙地上留下的足迹而已，我们看到的只是他走过的路，要想知道他在沿途看到了什么，还必须用我们自己的眼睛。

三

作家们具有不同的风格，比如雄辩、生动、比喻、直率、讽刺、简洁、优雅、幽默、表达流畅、对比鲜明、言简意赅、朴实无华等，但是，这些特点并不是通过阅读他们的作品就能学到的。如果我们自身已具备这些天赋，也许可以通过阅读受到启迪，就会意识到自己具有这种天赋；同时，我们可以发现，利用这种天赋能够做什么，这样我们就有强烈的兴趣，大胆地利用这种天赋。以作家为榜样，我们可以鉴别运用这种天赋是否有效果，从中可以学到正确运用这种天赋的技巧。然后，我们才算真正拥有这种天赋。阅读教会我们如何运用自身的天赋，并借此培养我们的写作能力，前提是我们本身必须拥有这种天赋。没有这种天赋，读书只能学到一些呆板的、僵硬的东西，充其量不过是个肤浅的模仿者。

四

正如地层逐层保留着古代的许多生物，同样，图书馆的书架上也保存着历代包含有许多谬论的各种书籍。就像古代的生物一样，这些书籍曾经也是充满生机、传诵一时的。但现在它们犹如化石，死气沉沉地待在书架上，只有研究古籍的人才会去鉴赏它们。

五

据古希腊历史学家希罗多德说，波斯国王泽尔士一世看着他那一望无际的军队，心想，百年之后这支军队竟没有一人还能活着，不禁潸然泪下。看着那厚厚的图书目录，想到十年之后这些书籍便无人过问，岂不让人也唏嘘不已？

六

文学和生活没有什么不同，不论在哪里，我们都会见到一些不可救药的卑贱之人，他们就像夏天的苍蝇，充斥各处，污染一切。在文学作品中，有许多坏书，如同滋生的杂草，抢走了五谷的养分，危害它们的生长。出版坏书原本是为了牟取金钱，谋求职位，却使读者浪费了时间、金钱和精力，使他们不能读好书，不能做高尚的事情。所以，坏书不仅毫无用处，而且极其有害。现在的文学作品，有十分之九是以从读者口袋里捞钱为目的的。为了达到骗钱的目的，作者、出版商和评论家臭味相投，狼狈为奸。

有些作家，雇用文人和多产作者，他们不顾时代高尚的情趣和真正的修养，利用恶劣而狡猾的手段，引诱读者阅读时髦的新书，以便在他们的圈子里有足够的谈资。那些坏小说和类似的读物都是服务于这样的目的的。名噪一时的作家，例如德国的斯宾德勒、英国的布瓦沃和法国的欧仁·苏等就是这样的小说家。许多读者认为应该阅读最新出版的作品，但是这些作品是出自极其平庸的作者之手，他们是为赚钱而写作的，而且这类读物数量甚多。这些读者真是可怜，他们对于各个时期各个国家的名著只知其名。尤其是那些文学刊物更是想出狡猾的手段，使读者浪费宝贵的时光，去阅读那些平庸之辈粗制滥造的东西，而无暇阅读真正有益修养的作品。

所以，在读书之前，掌握不读哪些书的原则，是至关重要的事情。不论何时都能吸引大量读者的书籍，出版后一再重印、大肆鼓吹的读物，如政治或文学类的小册子、小说、诗歌等，不要贸然去读。我们要知道，为愚人写作的人总会拥有大量读者。我们应该把宝贵的时间用来阅读伟人的名著，这些伟人都是古今中外享有声望的杰出的思想家。只有这些伟人的名著才是开卷有益的。

坏书绝对不要读，好书要精读。坏书是精神毒药，会毁坏人的思想。

阅读好书的一个条件就是不要读坏书,因为生命是短暂的,时间和精力是有限的。

七

有些书是专门介绍和评论古代大思想家的,读者大众喜欢读这些书,而不去读那些古代思想家的原著。因为他们只愿意阅读最新出版的读物,也因为物以类聚的道理,他们认为那些平庸的人所写的废话,要比古代思想家的思想更通俗易懂。但是,我很幸运。我年轻时就读过德国文学评论家施莱格尔美妙的格言,从此,这一格言成了我的指路明灯:

> 认真读古代经典,读真正的古代经典,
> 现代人对古代经典的评论,没有多大意义。

平庸的人彼此之间是多么相似!他们好像是一个模子铸造出来的!无论什么时候,他们的想法也是一样的,没有什么不同!此外,还有他们卑劣的个人打算。

平庸之人所写的毫无价值的书，只要是新出版的，愚昧无知的读者就会手不释卷，而让那些大思想家的经典著作躺在书架上。

读者的愚昧无知和颠倒是非是令人难以置信的。他们不去阅读各个时代、各个民族保留下来的非常珍贵而稀罕的思想名著，而偏要去读那些每天出版的出自平庸写手的读物。这些东西每年就像苍蝇一样大量产生，仅仅因为它们是油墨未干的新出版物而受到青睐。其实，这些东西在出版的当天就应该被摒弃。若干年之后这些东西必遭淘汰，只能成为后人的谈资和笑料。

无论什么时代，都存在两种并行发展但却彼此陌生的作品：一种是真实的，另一种是虚假的。前者成长为有永久性价值的作品，其作者是为科学或为文艺而生的，他们的创作态度严肃而认真，但过程极其缓慢。在欧洲，一个世纪也几乎产生不了十来部这样的作品，但这些作品却能永久长存。而另一类作者，是以科学或文艺谋生的，他们在跟随者的喧哗和鼓噪下，飞黄腾达，每年卖出数千种作品。但是，过了几年，人们不禁要问：他们的作品都到哪里去了？他们以前享有的显赫的声誉又到哪里去了？所以，我们把这一类作品称为昙花一现之作，把前者称为流芳百世之作。

八

买书，如果有时间阅读能买到的书，也许会好一些。但是，人们通常错误地认为，买了这些书就等于学会了这些书的内容。

要求一个人将读过的东西全部记住，就好比要求他每次把吃过的东西全部吸收。身体以食物为生，精神以书籍为生，通过饮食和读书，人成了此刻的样子。但是，身体只能吸收与它同质的东西，同样，每个人也只能记住他感兴趣的东西，也就是符合他的思想体系或他的目标的东西。当然，每个人都有自己的目标，但是很少人会有一个类似于思想体系的东西。没有思想体系的人对任何事情都没有客观的兴趣，因此，他们读书必然毫无收获，什么东西也记不住。

复习是学习之母。每一本重要的书都必须立即读两遍。一则，因为读第二遍时，能更好地了解事情的来龙去脉，只有知道结尾，才能理解开端；二则，阅读第二遍时，读到每一处，我们产生的心境和情绪与阅读第一遍时都有所不同，因此，我们得到的印象也不同，这好比在不同的灯光下看同一件东西。

作品是作者的思想精华。所以，即使作者是个伟大的人物，但是阅读他的作品总是比与他交往更有收获。从根本上来说，阅读其作品可以代替与其交往，甚至远远超过与其交往。平庸作者的作品也可能是有益的、有趣的、值得一读的，因为其作品也是他思想的精华，是他思索和研究的结果，而与他交往不一定能令我们满意。因此，这类作者的作品，也不妨一读，但对于与其交往却不用感兴趣。所以，高尚的精神修养逐渐地使我们几乎只从书本中，而不再从与人交往中得到乐趣。

没有什么比阅读古代经典著作更能使我们精神焕发了：只要随便拿起一本这样的名著，即使只读半个小时，也会令人感到清新、轻松、清静、舒畅和精力充沛，仿佛畅饮了甜美的泉水似的。究其原因，一是古代语言优美，二是作家思想伟大。其著作虽历经数千年，依然光芒四射。也许语言优美、思想伟大这两种原因兼备。

我知道，当前面临这样一种危险：人们可能不再学习古代的语言。假如出现这样的情况，那么就会产生一种新的文艺，其作品将前所未有地充斥着粗野、肤浅和毫无价值的东西。尤其是德语，它具有古代语言若干完美精湛的特性，但是现在却受到当今卑劣文人热情而有步骤的滥用，使它逐渐变成贫乏、畸形和无聊的语言。

历史有两种：一种是政治的历史，一种是文学和艺术的历史。前者是意志的历史，后者是才智的历史。前者使人不安，甚至令人惊恐，其内容充满着恐惧、灾难、欺诈和大规模的杀戮。后者让人愉悦和轻松，就连在描写人走上迷途之时也是如此。文学和艺术的历史主要分支是哲学史。其实，哲学史是这种历史的基础低音，这种低音甚至传到其他的历史中去，并在那里从根本上主导其观点。所以，正确理解的话，哲学堪称最深厚的学问，不过，它发挥作用比较缓慢。

九

但我希望，有朝一日有人能写出一部悲剧式的文学史，他在书中要描述：世界上许多国家的人，都为本国拥有伟大的作家和艺术家而感到无上的光荣，但是，当这些作家或艺术家在世时，又是怎样被对待的。这部历史要让人们看到，在一切时代和所有国家中，所有优秀的、真实的作品都要与占据上风的邪恶的东西进行长期的斗争。书中要描述，几乎所有真正的人类启蒙者，几乎所有在任何艺术领域中的大师，他们都是受难者。这部书还要给我们展示，除了少数人，他们从未得到承认和同情，也没有学生，都是在贫穷和苦难中受折磨，而名望、荣誉和财物则属于在这一学科中令人鄙视的人。

这情形就跟《旧约》中的以扫相似。以扫为父亲捕猎，雅各穿上以扫的衣服，在家里骗取父亲的祝福。但是，那些大师、人类的教育家，出于对自己事业的热爱，坚持艰苦奋斗，最终完成其事业。此时，不朽的桂冠向他们招手，胜利的钟声终于敲响，对他们来说，也意味着：

> 沉重的盔甲变成翅膀的羽毛，
> 痛楚是短暂的，欢乐是永恒的。①

---

① 席勒作品《奥尔良的姑娘》。

论独立思考

一

藏书丰富的图书馆，如果书籍放置杂乱无章，其用处还不如规模小但整理得有条不紊的图书馆。同样，一个人尽管读书很多，但如果未经自己独立思考，也远逊于那些读书不多，但经过深思熟虑所得到的知识。我们只有通过把自己所获得的知识进行综合分析，通过互相比较各个真理，才能完全把这些知识变为己有，让它们发挥作用。我们只能思考自己知道的东西，所以应该学习一些东西；我们也只能掌握经过自己思考后获得的东西。

我们可以随心所欲地阅读和学习，但无法随意地思考。正如点火需要扇风，不停地扇风，才能维持火焰不灭；思考也是这样，首先必须对思考的对象有兴趣，然后激发我们去思考，并且不断地深入思考。这种兴趣分为两种：一种是纯粹客观的，另一种是主观的。主观兴趣只是在涉及我们个人的事情时才有兴趣去思考。客观兴趣局限于有思考天赋的人，对他们而言，思考就像呼吸一样自然。不过，这类人很罕见，大多数学者缺乏这种天赋。

二

思考所产生的效果与阅读相比，差别之大，令人难以置信。人的天赋有差异，假如一个人只阅读不思考，而另一个人既阅读又思考，那么他们之间的天赋差异就会不断地扩大。也就是说，阅读把别人的思想强加给我们的头脑，而别人的思想与我们此时的倾向和情绪是不同的，就像图章盖在封蜡上一样。同时，我们的头脑完全受制于外部的压力，这种压力驱使头脑去思考这个问题，思考那个问题，而我们的头脑此时正好没有丝毫的欲望和激情。

相比之下，在独立思考时，我们是随着自己的欲念而行动，这种欲念是由外部环境和对某一件事的回忆而激发的。也就是说，看得见的外部环境并不像阅读那样，能够在我们的头脑中留下某一个确定的思想，而仅是给我们的头脑提供素材和机会，去思考适合我们的天性和当时心情的问题。所以，大量单纯的阅读会使我们的精神失去弹性，这就像弹簧持续为重物所压，其弹力必然消失一样。你如果想做一个没有自己思想的人，最好的办法就是一有空就随手拿起一本书来看。实践证明，博学使大多数人变得比原来更加愚昧、更加迟钝，并使他们的作品无法获得成功。这些人正如英国诗人蒲柏所说的那样：

一味死读书，无力当作者。①

所谓学者就是整天埋头读书的人，而思想家和天才

---

① 《愚人志》，第三章，第194页。——原注

则是照亮世界和推动人类进步的人,他们阅读的是大自然这部书。

三

严格地说,只有自己的基本思想才有真实性和生命力:因为只有我们自己的思想,我们才能真正地和完全地理解它。从书中获得的别人的思想,有如吃别人的残羹剩饭,有如穿别人穿过的旧衣服。从阅读中得到的别人的思想,与在我们头脑中萌生的思想相比,前者就像史前时代植物化石的痕迹一样,而后者则如同春天茂盛生长的植物一般。

四

阅读不能代替自己的独立思考。阅读时,我们的头脑受到别人思想的束缚。此外,许多书籍的有用之处仅仅在于告诉我们,书中有许多谬误,谁要是盲目轻信,很可能会误入歧途。但是,心中若有守护神,即自发思考、自由思考和正确思考，并且受其指引，那么，他就拥有指南针，助他找到正确的道路。因此，只有当自己的思想源泉枯竭时才会去阅读书籍，甚至才思敏捷的人也经常会出现这种情况。如果由于自己害怕思考，就整天手不释卷，这样做是对圣灵的犯罪。这类人就像逃离大自然，而去观看植物的标本或铜雕的风景。

我们有时几经努力、苦思冥想才发现的某个真理或见解，也许在一本书中就能轻易地找到，但是，经过自己独立思考得到的真理或见解，其价值要比在书本中得到的珍贵百倍。因为只有经过自己独立思考得到的真理或见解，才能作为一个富有活力的因素，成为我们思想体系中的一个主要部分，与我们整个思想体系保持一种完整而牢固的联系，其起因和结果才是可以被理解的。也只有真正的真理和见解才具有我们思维模式的特色和印记，才会在我们需要时及时地出现在脑海中，并且它已根深蒂固，再也不会消失。据此说法，这是对歌德诗句的圆满解释和完美的应用：

> 你继承祖辈的遗产，

先要获得它，才能拥有它。①

也就是说，独立思考者首先有了自己的看法，然后他才了解到自己的看法得到了权威的认同，权威支持了他的看法，给了他信心。而书本哲学家却依据权威的看法，从书本中搜集别人的意见，然后凑合成自己的观点。这种人好像是用异样的材料组合成的机器人，而独立思考者则是一个富有旺盛生命力的人。这正如外在世界在他的头脑中播下思考的种子，然后开花结果。

从书本上学来的真理，就像假肢、假牙、蜡质鼻子，至多像一个用别人的皮肤通过鼻整形术做的假鼻子，因为这些器官是假的，才能黏附在人的身上。但是，经过自己独立思考得到的真理，就像天生的肢体，那才是真正属于我们的。思想家与单纯的学者之间的差别就在这里。

因此，独立思考者在思想上的收获，就像一幅出色的画，光影准确，色调和谐，色彩明快，整幅画栩栩如生。与此相反，单纯的学者，其思想却像一大块调色

---

① 《浮士德》，第一部，第682行。——原注

板，上面五颜六色，颜色排列有序，但没有内在联系，不和谐，毫无内涵。

五

阅读是用别人的头脑思考，而不是用自己的头脑思考。自己思考出来的东西，严格地说，尽管还没有发展成一个完美的体系，但总是一个连贯的整体。而连续不断地阅读，大量吸收别人的思想是有害的，因为这些思想出自不同的头脑，属于别人的体系，带有不同的色彩，永远不可能形成一个思想、知识、见解和信念的统一体。相反，这些乱七八糟的东西充塞头脑，会造成语言混乱，头脑就会失去正确的判断力，几乎陷入紊乱之中。

这种情况在许多学者身上都可以看到，他们在健康的理解力、准确的判断力和娴熟的处事能力等方面，常不如那些所学无几的人。后者通过经验、交谈和少量的阅读，从外部世界得到一点儿知识，并让这些知识融入自己的思想中。

其实，从事科学研究的思想家也是这样做的，只是规模比较大。由于他们需要丰富的知识，所以必须博览群书，但他们的头脑足以容纳和吸收这些知识，并将其融进他们的思想体系中，使之作为逐步形成的卓越观点，隶属于那有机的、连贯的整体。在这个过程中，这些思想家固有的思想就像一个风琴的低音主调，始终支配一切，不会被其他音调淹没。而在知识繁杂的头脑中，好像一首乐曲掺进许多杂音，曲子的基本调已经听不出来了。

六

那些一生只读书并从书本中获取智慧的人，就像那些读许多旅游指南来了解一个国家情况的人。他们或许了解这个国家的许多情况，但是，从根本上来说，他们对这个国家的真实情况缺乏连贯的、清晰的和深刻的认识。反之，那些一生坚持思考的人，就像土生土长的当地人，只有他们才真正知道所谈论的事情，对事情有连贯的了解，对事情的真实性十分熟悉。

七

普通的书本哲学家和独立思想家的关系,类似于历史研究者与历史见证人的关系——见证人对事情的看法都是出于亲身的经历和直接的了解。所以,所有的思想家在根本上是一致的,他们的差异只是在于立足点不同。如果立足点没有变化,那他们的见解也一样,因为他们的见解都是来自自己的客观所见。我写的东西,有些由于似乎有悖于常理,所以我犹豫再三才把它公之于众。后来,在伟大思想家的古老书籍中,我发现了与我相同的见解,因而感到既惊讶又欣喜。

与此相反,书本哲学家只会告诉我们,这个人说了什么,那个人说了什么,然后第三者提出了异议……诸如此类。他把各种看法进行比较,权衡各方面的意见,做出一些批评鉴定,试图以此追求事物的真理。在这方面,书本哲学家很像一个批判的历史编纂学者,例如他将着手研究莱布尼茨[①]是否曾经信奉斯宾诺莎派的哲学等类似的问题。对于我在这里所说的见解,有兴趣者可从

---

① 莱布尼茨(1646—1716),德国哲学家、数学家。

以下两本书中找到明确的例子，这两本书即赫尔巴特①的《道德和自然法的分析说明》和《关于自由的通信》。这种人所下的功夫，令人感到惊讶，因为我们觉得，他只要注意观察对象本身，然后稍加思考，就能很快达到目的。不过，这里有个问题，因为这样做不取决于他自己的意愿，他可以随时坐下来就阅读，但不可能随时坐下来就思考。思想就像人一样，它们不可能随时随意招之即来，我们必须等待它们的到来。

对某一事物进行思考，要有条件，即必须通过外在机会、内在情绪以及内心激情巧妙而和谐地联系起来，而书本哲学家永远不可能具备这些条件。关于这一点，甚至可以在涉及我们个人利益的思想方面得到解释。当必须对个人的某件事做出决定时，我们不可能随时任意坐下来，仔细分析各种理由和原因，然后做出决定。这是因为，此时我们刚好没有心情去思考此事，而且思绪飘忽不定，想到其他事情去了；有时甚至对所要考虑的事情感到厌恶。这时，我们就不要强迫自己，而应当等待时机，良好的情绪自然会来的。这种情绪会意外地、

---

① 赫尔巴特（1776—1841），德国哲学家、教育家。

反复地出现。

由于时间不同、情绪不同，我们会以不同的眼光看待某一件事。这个漫长的过程也就是我们所说的成熟的决定。因为要做最后的决定，必须按步骤分开完成。在这个过程中，一些在之前被忽略的东西这时又想起来了，当时厌恶的情绪也消失了，有些事情由于看清了，也比较容易接受了。

同样，思考理论问题也要等待良机，即使最伟大的天才也不可能每时每刻都在独自沉思。所以，名家也许会把其余的瞬间用于读书。正如我说过的，阅读是一种代替自己思考的方法，有许多东西是别人为我们想出来的，从而为我们提供了精神素材。正是因为这样，所以我们不应该读太多的书，不然，我们的思想会习惯于代替品，并因此遗忘了事情本身，使自己的思想习惯于别人的思路，而偏离了自己的思路。仅仅为了读书，完全放弃了对现实世界的关注，这是最不应该的。

启发思考的机会和情绪，更多的是来自现实世界而不是书本，因为直观的、现实的事物能迅速反映到人的头脑里，成为思考者思维的自然对象，能轻易地、深深地激发大脑的思维。

根据这种观察,就其表达方式可以轻松地分辨出谁是思想家,谁是书本哲学家,一点也不奇怪。思想家具有这些特征:严肃、直接、纯朴,他们全部的思想和表达都源于自己看问题的角度。

而书本哲学家与此相反,他们拥有的一切都是二手资料、零散的杂货、传承下来的概念,模糊不清,就像是复印出来的东西。而且,他们的文体是由传统的陈词滥调和流行词汇构成的,就像一个小国,本身不能铸造货币,流通的只是外国货币。

八

单纯的经验和阅读一样,都不能取代思考。纯粹的经验与思考的关系,就像进食与消化和吸收的关系一样。如果经验自夸,唯有通过它的发现,才能促进人类知识的发展,那就像嘴巴在自吹自擂:生命的存在全是它的功绩。

九

所有真正有才华的人撰写的作品都具有果断、确切的特征，作品思路清晰，观点明确。他们清楚明确地了解自己想要表达什么，其表达方式是用散文、诗歌或音乐。而普通凡人的作品正好缺乏果断和明确的特征，人们由此特征可以立即识别出作者是否平庸之辈。

一流思想家独特的标志，就是他们所有的判断都是直接的。他们所撰著的作品都是独立思考的结果，作品发表之后，处处显示出独立思考带来的杰出的成果。因此，他们在精神王国中，如同王侯一样拥有无上的权威。而普通作家只是处于较低层次，因为他们缺乏独立思考的特征。

因此，每个真正的思想家在精神王国中就等于一国之君，他是至高无上的。他的判断如同君王的命令，一言九鼎。这样的思想家不会接受权威的看法，就像君王不接受他人的命令一样；同时他也不认可任何东西，除非已被他证实了的东西。而平庸作家则受制于各种流行的意见、权威和偏见，像默从法律和命令的平民百姓一样。

十

有些人总是热衷于引用权威的意见来解决有争议的问题,不是提出自己的理解和认识,而是引用别人的见解,并以此感到兴高采烈。这些人数目众多。正如古罗马哲学家塞内加所说:"与其自己做出判断,不如相信别人所言。"所以,在争论时,这些人就共同选择权威作为武器,互相攻击。谁要是卷入这类争论中,就休想以理由和论据来捍卫自己的观点,因为面对这样的武器,这些人就像长了角的齐格菲①,会深陷在无法思考和判断的洪流中。所以,他们会拿出他们认为的权威的见解,作为"出于敬畏而变得有力的论据",然后大声发出胜利的呼声。

十一

在现实的世界中,我们可能过得美好、幸福,但是总是生活在重压之下,只有不断地战胜这种重压,才有

---

① 德意志民间史诗《尼伯龙根之歌》中的屠龙英雄。

幸福可言。

然而,在思想的世界中,那是非物质的,我们既没有重压,也没有困苦。所以,拥有美好和丰富的思想的人,在幸运的时刻,在其本人身上所发现的幸福,是世俗生活中任何幸福都无法比拟的。

十二

一种思想浮现在脑海,犹如恋人出现在眼前。我们自以为永远不会忘记这一思想,恋人也永远不会冷落我们。但是,眼不见,心就忘!最精辟的思想,要是不把它抄下来,就有可能被遗忘。恋人也是如此,要是不跟她结婚,她就会跑掉。

十三

思想家的大部分思想对他本人是有价值的,但是其中只有少量有反响或反射的作用,也就是说,把这部分思想撰写为书后才能吸引读者的兴趣。

十四

首先,人们只是为自己思考真正有价值的东西。我们可以把思想家划分为两类,一类为自己而思考,另一类为他人而思考。前者是真正独立的思想家,他们的确在认真地思考问题,他们是真正的哲学家,唯有他们才会严肃地对待所思考的事情。实际上,他们全部的快乐和幸福就在于思考。而后者则是诡辩家,他们只是想在外表上装出有思想的样子,并希望由此从别人那里获得幸福,也只有在这方面他们是严肃的。谁属于哪一类,从他的整个方式和方法就可以看出来。利希滕贝格[①]属于第一类的典范,赫尔德[②]属于第二类。

十五

生存问题,这是个模棱两可的、令人痛苦的、转瞬即逝的和梦幻般的问题,这个问题对于我们是多么

[①] 利希滕贝格(1742—1799),德国物理学家、讽刺作家。
[②] 赫尔德(1744—1803),德国作家。

重要，多么密切！只要我们真正意识到它的重要性，其他问题都是不值一谈的。可以说，除了极少数人外，几乎所有人对这个问题都没有清醒的意识，甚至似乎没有丝毫的觉察。他们更关心其他事情，只为自己的今天和不久的未来而活。在这个问题上，他们要么明确表示拒绝考虑，要么选择某个流行的形而上学体系，以此得到满足。

如果对上述情况加以思考，就会得出这样的看法：人只是广义上思考的生物，然后，对人们具有轻率或幼稚的特征，就不会感到奇怪了。并且，我们知道，普通人的智力、视野虽然超过动物——动物不能意识到过去和将来，仿佛只活在当下——但是也不像一般人习惯认为的那样深远。

实际上，我们在言谈中也发现大部分人的思想是支离破碎的，就像剁碎的草料，所以谈话无法抓住主线深入下去。

如果生活在这个世界上的人都是真正有思想的人，那么，就不会允许形形色色的、甚至令人心惊肉跳的、毫无目的的噪声自由泛滥。假如大自然确定要人思考问题，就不应该给人安上耳朵，或者，至少在耳朵里装上一个能够密封的阀门，就像令人羡慕的蝙蝠那样。但是事实上，人与其他动物一样，都是可怜的，他的能力也只够维持自身的生存。所以，不管是白天还是黑夜，人的耳朵始终都要张开，以便倾听风声：追踪者快要到来。

论作者

一

概括而言，作者只有两类：一类是有东西可写的，另一类则是为写作而写作的。

第一类作者觉得有一些值得传播的思想或经验；第二类作者只想得到钱，所以，他们是为了金钱而写作。他们写作就是为了钱。我们很容易识别出这种人，他们的作品拖泥带水；他们的思想半真半假、歪曲颠倒、牵强附会、摇摆不定；他们的文字晦涩，言不由衷。所以，他们的作品既不准确，又不清晰。因此，人们很快就会发现，他们是为金钱而写作的。

即使在最优秀的作家中,有时也会看到这样的情况,例如莱辛的《论剧作艺术》中的某些段落,甚至让·保罗创作的许多小说中都有这种现象。只要读者发现这种情况,就要把这些书扔到一边,因为时间是宝贵的。从根本上来说,只要作者是为金钱写作,那他就是在欺骗读者,因为他是以有话说为借口来写作的。

稿酬和版权从本质上来说败坏了文学。一个人完全因为有东西可写才写作,这样他的作品才有价值。在文学的各个领域,哪怕只有寥寥无几的,但却是出类拔萃的作品,那就是不可估量的成就!但是,只要是为稿酬而写作,这种情况就永远不可能发生。金钱好像成了被诅咒的,不管是哪一位作者,只要他为金钱写作,他就开始变坏了。

伟大人物创作的最优秀的作品,当其发表后,作者要么没有稿酬,要么获取少量的报酬。有句西班牙谚语说得好:"不可能同时收获荣誉和金钱。"当代文学在德国和其他国家,呈现一片悲惨景象,根源就在于作者为挣钱而写作。作者需要钱,就坐下来写书,读者傻傻地掏钱买书。为金钱而写作的次要后果就是导致语言腐败。

许多拙劣的作者都是靠读者的愚昧而谋生,因为他们只读新出版的东西,不想读其他东西。这些作者也被称作新闻记者,这个称谓恰如其分,通俗一点说,叫作打短工赚钱。

二

另外,也可以说有三类作者。第一类,不加思考就动笔写作。他们写作凭回忆往事和经验,或者直接取材于其他书籍。这类作者人数最多。

第二类,他们开始写作时,才进行思考。他们思考是为了写作。这类作者人数不多。

第三类,他们写作之前,就开始思考。他们思考好了,才开始写作。这类作者人数很少。

第二类作者,直到准备动笔写作时,才开始思考,这类作者就像一位想碰运气外出打猎的猎人,他是不可能满载而归的。相比之下,人数很少的第三类作者的写作就像一次围猎。围猎时,事先要捉住一只猎物,并把它关在一个栏里，稍后成群的猎物会从一处栅栏涌进另一个同样被围起来的地方。在那里，这些猎物是逃脱不了的，此时，猎人就可以瞄准并射击。这次围猎是会有收获的。

但是，在第三类作者中，真正认真地对课题本身进行思考的人更是凤毛麟角，而其他人思考的则是书本上的内容，或别人说过的东西，也就是说，他们需要从别人的思想里得到直接的、有益的启迪，以促进直接的思考。这样，别人的思想就成了他们最接近的课题。因此，他们总是受到别人思想的影响，永远不会有自己独创的思想。第三类作者中的佼佼者，也就是人数微乎其微者，受到课题本身的激发而进行思考，因此，他们思考的内容是直接针对课题本身的。只有在他们的作品当中才能出现不朽之作。

显而易见，我在这里谈论的是那些论述高级学科问题的作者，而不是撰写如何酿造白兰地的作者。

一个人写作时直接从自己的脑子里掏出素材，只有这种作者的作品才值得一读。但是，那些书籍炮制者、汇编者、平庸的历史学家，以及其他可归于此类的作者，都是直接从书本中摘取材料，不经大脑加工和处理，就直接动笔。如果这类作者真的了解自己编著的书中的全部知识，那他们真是博学多才啊！所以，他们的议论经常含糊不清。读者绞尽脑汁也弄不清他们到底想表达什么。其实，他们根本就不曾思索。他们所抄袭的书，有时也是以同样的方式拼凑起来的。因此，这类作品就像从同一个模子印出来似的，最后，千篇一律，几乎无法辨认。所以，我们应该尽量少读各种汇编。不过，完全不读汇编也很难，因为有些汇编把几个世纪积累起来的知识汇集成书。

有人认为，最后发言总是比较准确的，新近出版的书比以前出版的书优秀，每一个变化都是一次进步，这些想法都是错误的。但是，善于思考的人、能够做出正确判断的人、严肃对待自己论题的人是例外。通常，世界上处处充斥着害虫。这类人迅速地、孜孜不倦地以他们的方式把别人经过深思熟虑写出来的东西，进行改头换面，结果愈改愈糟糕。所以，谁要想研究一个课题，就要注意，不要马上拿起一本相关的新书就看，可以设想，科学总是发展的，而新书作者肯定利用了旧著的内容。事实确是这样，但旧著是怎样被利用的呢？新书作者经常不会完全理解旧著，同时又不想直接采用旧著的惯用语。所以，就对原文进行修改，结果弄巧成拙，把优美准确的原话改得面目全非、词不达意。殊不知，原话是旧著作者根据自己对事物的深刻认识而写出来的。新书作者常常忽略了旧著中最精华的部分，忽略了对事物最明确的解释和最深刻的论断：因为他无法识别它们的真正价值，也感觉不到简明、精辟、含蓄的风格。只有肤浅、平淡的东西才适合他们。

一部优秀的旧著常常被一些新出版的拙劣的书取而代之，这些新书的作者纯粹是为金钱而写作，但他们却自命不凡，其实是靠同伙吹捧出来的。

在科学领域，每个人要通过创新，才能获得认可，产生影响力。为了达到目的，有些人常常走捷径：攻击某个至今为止被认为完全正确的理论，以便让他本人荒唐可笑的思想取而代之。有时，这种手段也可以获得短暂的成功，但是，正确的理论总是可以东山再起。这类新书作者不会认真对待世间任何事情，他们只重视自我，而且也希望受到别人重视。他们以为提出一种谬论就可以快速达到目的，他们缺乏独创精神的头脑很适合消极否定的方法。所以，他们就开始否定那些长期以来一直被公认的真理，比如否定生命力、交感神经系统和生物的自然生长，否定毕夏特关于情感作用与理智作用的区分；按此说法，科学就要倒退到极端的原子学说中去。所以，科学进程有时是倒退的。

有些译者也属于这类人，他们在翻译原著时进行了修正和加工。我觉得这种行为是无礼的、鲁莽的。你们自己去撰写值得翻译的书吧，让别人的作品保持原样好了。

因此，如果可能，读者应该阅读那些真正的原创者、创始者和发明者的作品，或者，至少是那些已被公认的学科大师的著作。与其购买修改过的作品，不如去阅读原著。

毫无疑问，在别人已发现的理论基础上做些补充是很容易的事情。我们在掌握某一理论基础之后，就要尽快对这一理论补充最新的知识。

总之，处处行之有效的规律也适合这里：凡是新的东西很少是好的，因为好的东西只在短时间内是新的。

三

对于一本书而言,书名之重要,就像收信人的姓名及地址对一封信之重要。也就是说,书名的首要目的在于引导读者对这本书的内容感兴趣。因此,书名应该是独特的、寓意深刻的,本质上要言简意赅,尽量能透露出内容的概要。

有些书名很糟糕,啰唆、冗长、含糊不清、不知所云,甚至可能是错误的、有误导性的;使用这种书名的书,其命运与一封写错了通信地址的信件之命运是一样的。

但最恶劣的是剽窃来的书名,也就是说,这个书名其他书已经采用过了。首先,这种行为是抄袭;其次,这证明作者缺乏独创精神。如果一个作者的能力还不足以给自己的书起一个具有新意的书名,那么,他就更没有能力给这本书带来新颖的内容。

仿效的书名与上述提到的盗用书名相类似,亦称作半剽窃来的书名。例如我创作的《论大自然的意志》出版一段时间后,奥斯特也写了《论大自然的精神》。

四

一本书会留下作者思想的痕迹。这些思想的价值既存在于作品的题材中，也存在于作者思考的问题中，或者存在于形式中，即作者对题材的处理过程中，也就是说，作者在对题材进行处理时想到了什么。

书的题材是多样化的，不同的题材具有不同的优势。所有依据经验所得的素材，也就是说，所有历史的、物理的事实，就其本身以及从广义上而言，都属于题材范畴。独特之处在于客观。所以，不管作者是谁，它都可以成为重要的书。

另外，作者思考了什么，独特之处在于主观。题材可以是大家都喜欢的、所熟悉的，但是论述的方法、作者如何去思考这些题材，这些是一本书之价值所在，而且关键在于作者。因此，如果一本书是优秀的，那么它的作者也是杰出的。由此可见，如果一个作者的著作具有很高的阅读价值，那么这个作者的功绩就越大，而题材的作用就越小。所以，书的题材越是平淡无奇，却为人所用，那么，该书的作者就越出类拔萃。例如，古希腊三位伟大的悲剧作家都从事过同样题材的创作。

因此，如果一本书很出名，就应该分清出名的原因，是因为题材，还是因为形式。

由于题材而闻名的书，可能出自头脑简单的平庸作者之手，因为只有他们有机会接触到这些素材，例如，描述遥远的国度、罕见的自然现象、进行的试验和历史事件等，因为作者本人就是这些事情的见证人，或者，他们花费了许多精力和时间去探索和研究这些事情的来由和原始资料。

与此相反，题材是大家都能接触到的，或者相当熟悉的，那么，形式就是关键的了；也就是说，用什么方式处理这些题材，才能使这本书具有更高的价值。只有才华卓越的作者才能写出值得一读的作品，而其他人所能想到的问题，每个人也都能想得到。他们写出的作品留下其思想的印记，而每个人甚至都有这种印记的原型。

但是，大众感兴趣的是题材，而不是形式，所以，大众无法抵达高层次的文化，他们对文学作品的倾向至为可笑：他们醉心于作品的现实事件，或者作家本人的境况及写作的诱因。说到底，读者感兴趣的是上述提到的事情，而不是作品本身。例如，读者阅读更多的是介绍歌德的书，而不是歌德创作的书；他们宁可孜孜不倦地阅读浮士德的传说，而不用心研读《浮士德》原文。毕尔格说过："莱诺勒究竟是什么人，人们对此将开展学术研讨。"我们发现，对歌德的研究也存在同样的情况，我们已有大量研究《浮士德》和浮士德传说的文献。这些文献都属于题材类的。这种偏爱题材甚于形式，就好像偏爱一只精美的古意大利花瓶的陶土成分和颜色的化学构成，而甚于爱好花瓶的外形和图案。

试图利用题材制造效应，以迎合大众的口味，这种做法在文学领域里都应该受到指摘，因为在文学领域里功绩明显表现在作品的形式中，在诗歌中更是如此。尽管如此，我们还是经常看到那些拙劣的戏剧作者不遗余力地借助题材，吸引观众涌进剧院。例如，这类作者把某些生平缺少戏剧性事件的著名人物不加掩饰地搬上舞台；有时，不等那些与名人一同登场的人物去世，剧作就迫不及待地上演了。

在此谈论的题材与形式的差别，也适用于谈话。也就是说，要能够进行生动的谈话，首先要具备谈话的才能，例如，理解力、判断力、幽默和生气勃勃，这些品质构成了谈话的形式；然后，就要看谈话的内容，即交谈的话题，也就是谈话者的知识。如果话题不多，那么谈话就没有什么意思，除非他具备上述提到的谈话之素质，因为他谈及的都是一些人所熟悉的、日常生活中的琐事。但是，如果一个人欠缺谈话之素质，不过却具有丰富的知识，那么，谈话也能收到良好的效果，这类谈话的价值取决于谈话的素材，也就是谈话的内容。这正如西班牙格言所说的："笨人对自己家里情况的熟悉程度，胜于聪明的外人。"

论文学形式

一

戏剧是在反映人的存在方面具有最完美影响的文学形式。戏剧在理解、目的和要求方面，可分为三个步骤。

第一步，也就是最常见的一步，表现戏剧的盎然趣味。剧中人物能引起观众的兴趣，他们追求的目标与观众的目标十分相似；剧情跌宕起伏，向前发展；幽默、嘲弄为全剧增添色彩。

第二步，戏剧变得富于感染力，对英雄的同情激起观众的共鸣。剧情变得动人，结局平静、圆满。

第三步，这是最高级和最困难的一步，戏剧旨在达到悲剧效应：生存中的烦恼和困难展现在我们面前；全剧的结局揭示了人类的奋斗都是无价值、无意义的。意志从生存中解脱出来，拨动着我们的心弦，奏出来的不管是直接的还是伴随着的和音，都深深地震撼着我们。

二

俗话说，万事开头难。但是，戏剧却相反，所有的结局都很难处理。这一点已为无数的戏剧所证明：这些戏的前半部还是相当精彩的，但是，随后就变得暗淡无光、索然无味、摇摆不定，特别是到了第四幕，更是弄得声名狼藉；最后，全剧以一种牵强附会的、令人失望的和可预见到的老一套表现手法宣布剧终。有时，干脆像莱辛的《爱米丽雅·伽洛蒂》一剧那样，使观众看后愤然而去。

戏剧结尾如此困难，原因在于：一方面，这些戏剧把事情弄得乱如麻，然后很难理出头绪；另一方面，开始时让作者自由发挥，到了结尾又对他们过于苛求，要么喜气洋洋，要么悲伤忧愁。但人间的事情总是千变万化的，所以戏剧的结尾应该是顺应自然的、准确无误的和恰如其分的，同时又是出人意料的。这些要求同样适用于史诗和小说。不过，戏剧的特性更为紧凑，因此结局的难度显得更突出。

无中不能生有，也适用于美术。优秀的画家在创作一幅历史画时，会把活人作为模特，头像也取自现实生活中的真实面孔。然后画家再按照审美观和性格的标准进行加工，使之理想化。我想，杰出的小说家也是这样做的。他们以生活中所熟悉的人物作为原型，来塑造小说中的某个角色。然后，作家根据自己的意图对原型进行加工，使之理想化。

一部小说如果对人物的内心世界描写细腻，对人物的世俗生活不花费大量笔墨，那么这部小说就比较高雅。这种比例为识别小说属于哪个等级提供了典型的做法，不论是《项狄传》，还是最粗俗的、最惊奇的骑士和强盗故事。当然，《项狄传》几乎没有什么情节，而《新爱洛伊丝》和《威廉·迈斯特》也没有很多情节。甚至《堂吉诃德》，相对而言，也只有少量情节，其内容大多是无关紧要的、寻开心的东西。而这四部小说是这一类别的作品中最优秀的。此外，我们再看看让·保罗神奇的小说吧，他在有限的生活圈子里，展现了人物丰富多彩的内心生活。甚至在沃尔特·司各特①的小说中，对内心生活的描写也明显压倒了对世俗生活的描写，小说中对世俗生活的描写，也是为了引起内心的活动。而拙劣的小说常常过于注重对个别事件的细节描写。熟练的艺术表现在于，以尽量少的外部事件引起强烈的内心活动，因为我们感兴趣的是对人物内心活动的描写。

小说家的任务不是叙述那些伟大的事件，而是让人们对那些微不足道的小事产生浓厚的兴趣。

三

在荷马的作品中，描述事物时总是使用与其完全相符的表语，而不是使用与所形容的东西有关的或类似的词语。比如，亚加亚人永远是阳光的、愉快的，大地永远是生命的养育者，天空是无边无际的，海洋如同深色的葡萄酒。这就是在荷马的作品中表达出来的客观性的

---

① 沃尔特·司各特（1771—1832），英国诗人，历史小说家。

特征。荷马就像大自然一样，不会让主题受到人的行为和情绪的影响。不管他的主人公是欢呼还是悲叹，大自然都不为所动，仍然继续前行。相反，持主观态度的人，当他们悲伤时，就会觉得整个大自然是一片阴暗。而荷马不这样认为。

在我们这个时代的诗人中，歌德是最客观的，拜伦则是最主观的。拜伦总是在叙谈自己，甚至在创作叙事诗时，他也是以主人公的身份描述自己。

歌德与让·保罗相比，就像正极与负极一样。

四

历史学，我认为它与诗歌截然不同，历史学含有时间的意义，就像地理学意味着空间，所以，严格地说，历史学与地理学一样，都不是真正意义上的科学。因为历史学并不阐明普遍真理，只是处理琐碎的史料。对此，可以参阅《作为意志和表象的世界》第二卷第38章《论历史》。历史学通常是那些想要学点东西，又不肯付出努力以获取真知灼见的人所喜爱的学科。在我们这个年代,历史学是一门备受欢迎的学科。每年出版不计其数的历史题材的书籍就可以证明。

在我看来,在所有的历史中,都是一些相似的事物在不断地重复着自己,就像万花筒每次转动时,人们在不同造型下看到的都是几块同样的东西,这样,人们就不会对它抱有强烈的兴趣,但也不会责备它。有些人想把历史学变为哲学的一部分,甚至变为哲学本身,他们自以为历史学可以取代哲学的位置,这是可笑而荒谬的想法。

在各个时期,大众对历史学的爱好可以通过社交谈话得到说明。通常一个人讲述了某件事,接着,另一个人讲点不同的,于是,每个人都确信自己受到了别人的重视。我们看到,无论在社交谈话中,还是在历史事件中,人们的思想只是关注个别琐事。但是,每次有深度的谈话,正如进行科学研究一样,会引起人们对某个普遍真理的思考。不过,这并不会使历史学丧失自身的价值。人的生命是短暂的、仓促的,数不尽的成百万成千万人享受着世俗生活,大批大批人群即将被永远张着大口、时刻等待他们的被称作"遗忘"的巨兽吞噬。因此,从即将流逝的万物中,抢救某些值得追忆的最重要和最有趣的事情，拯救某些令人难忘的伟大事件和值得纪念的杰出人物，这些努力是值得称赞的。

此外，我们也可以把历史学看作动物学的续编。动物学研究所有动物的种类就够了。但是，对人类而言，因为人具有个体的性格，所以，历史学也必须研究个体的人和单个事件，单个事件是产生个体的人的条件。由此可见，历史学具有本质上的缺陷，因为个体的人和单个事件是数不尽的、无穷尽的。在研究历史学时，我们从中学到了许多知识，但仍然需要继续学习。而对于所有真正的科学来说，至少可以预期完善地掌握其中一门。当我们面对中国历史和印度历史时，那浩如烟海的史料显示了历史学研究中的缺陷，迫使历史研究者认识到，人们只能从个体中看到整体，从个案中找出规律，从了解人性中识别各个民族的活动，而不是罗列那些数不胜数的事例。

历史从头到尾讲述的都是战争。战争是最古老的，也是最现代的塑像作品的题材。但是，所有战争的根源都是来自强烈的盗窃欲望。所以，伏尔泰①说得很对：

---

① 伏尔泰（1694—1778），法国启蒙思想家、哲学家。

"所有的战争都是偷窃行为。"也就是说,只要一个民族觉得自己的力量过剩,就侵略邻国,压迫其人民,目的就是不劳而获,把别人的成果据为己有。这为世界历史和它们的英雄事迹提供了素材。

五

报纸是历史时钟上的秒针,但这一秒针与分针和时针相比,通常是用一种更普通的金属制成的,而且很少走得准确。

报纸上所谓重要的文章就是对当时的重要事件进行解说。如同戏剧,各种夸张手法对于报纸报道而言至关重要,因为报纸需要把各种事件尽可能广泛地宣传。所以,由于行业的特性,所有的新闻工作者都是吹鼓手,夸张就是他们制造效应的一种手段。因此,他们就像小狗一样,一有动静,就会立即狂吠起来。不过,我们不要太在乎他们狂喊乱叫,以免损害自己的消化系统。我们应该知道,报纸只不过是一面放大镜,它所能做的只是在墙上留下一道阴影。

论风格

一

风格是心灵的外貌，它比面部表情更可靠。模仿别人的风格，就等于戴上了一副假面具。即使这副面具很美观，但毕竟没有生命的活力，很快变得索然无味，令人讨厌。哪怕一副丑陋的面孔，只要有活力，也比这副假面具好得多。所以，那些用拉丁文写作并模仿古代作家之风格的作者，就像是戴着面具说话。也就是说，读者听见他们说什么，但是却看不见他们的相貌，也就无法知道他们的风格。但是，独立的思想家对任何形式的模仿不屑一顾，在他们以拉丁文撰写的作品里，其风格清晰可见，这类作家如司各特·爱留根纳、彼特拉克①、培根、笛卡儿②、斯宾诺莎、霍布斯等。

装腔作势的风格就像一个人挤眉弄眼扮鬼脸。人们写作的语言就是其民族的风格。各个民族的风格有很大的区别，从希腊语到加勒比语都是这样。

我们要在别人的作品里发现风格上的毛病，以避免在自己的作品里重犯类似的错误。

二

对一个作者精神产品的价值做出初步评价，并不需要了解他考虑过什么论题，或者他对这个论题思考了什么。如果这样做，就要求必须通读他的全部作品。不过，首先要了解他是怎样思考的，这就足够了。作者如何思考、作者根本的特性和一般的素质，就是这位作者的风格。也就是说，一个人的风格显示出他全部思想的形式上的特征，而这种形式上的特征必须保持不变，不

---

① 彼特拉克（1304—1374），意大利诗人。
② 笛卡儿（1596—1650），法国哲学家、自然科学家。

管他思考什么、怎样思考。这就像一块面团，可以捏出不同的形状。有人问奥伊伦施皮格尔，走到下一个村子要多长时间，他似乎答非所问："走吧！"其实，他是想根据一个人的步速推算出这个人在一定时间内能够走多远。同样，我在读一位作者的书时，只要读上几页，就大概知道他对我有多大的帮助。

那些平庸的作者意识到这种特殊的情况，于是试图掩饰自己自然的风格。这样，他们首先被迫放弃质朴的风格。这种质朴的风格因此成为有才华者的特权，他们感觉到自身的优势并充满信心。也就是说，那些平庸的作者完全不可能下决心按照自己的思考写作，因为他们担心，这样写出来的作品很可能显得幼稚可笑、简单肤浅，会受到指斥。但是，平庸作者写的东西并非毫无价值。如果他们诚实地写作，把自己独立思考过的东西，以朴实的方式写出来，那么，他们的作品还是值得一读的；在他们特定的范围内，甚至还有启示作用。

但他们并没有这样做，而是极力制造假象，让读者相信他们比实际上思考得更丰富、更深刻。因此，他们对于必须表达的意思，总是用新造的词、复杂的短语，拐弯抹角和闪烁其词地说出来。他们总是在两个不同想法之间摇摆不定，即一方面想表达自己的思想，另一方面又想隐瞒自己的想法。他们想把自己的思想装饰一番，以便给读者留下博学多才的印象。为此，读者就会以为，作品中可能还隐藏着许多自己一时还没有领悟到的东西。或者，他们把自己的想法以模棱两可、似是而非的观点逐个表达出来，这些观点看上去似乎要比他们所说的东西更有深意。这类作品中，谢林关于自然哲学的著作就是一个很好的例子。或者，他们为了表达思想，堆砌辞藻、啰啰唆唆、繁杂冗长，令人难以忍受，仿佛读者不花大工夫就无法理解他们的意思。其实，他们那些想法是很简单的，甚至是肤浅的、平庸的。费希特①的通俗作品和许多不值一提的平庸之辈编写的哲学教程就属于这类例子。或者，他们试图以一种自以为高雅的风格来写作，例如，一种具有周密性和科学性的风格，而读者却被这些冗长乏味、毫无独特见解的东西折磨得痛苦不堪。那些恬不知耻的黑格尔门徒编写的黑格尔刊物《科学文献年鉴》提供了这方面的例子。或者，

---

① 费希特（1762—1814），德国哲学家。

他们追求一种有才智的风格，然后，似乎显得神经兮兮的样子。这种情形不胜枚举。他们做出种种努力试图推出他们那可笑的想法，对此，读者经常很难弄清他们真实的意图。此外，他们还写一些没有思想性的词语和句子，却期待别人从中能悟出点什么。

所有这一切的努力，根本上只不过是作者不懈地寻求新的途径，以词语当作思想出售给读者，并且借助新词，或者旧词新意、词组转换、词汇组合，造成有智慧的假象，以弥补自己欠缺理智而带来的遗憾。

可笑的是，作者为了达到自己的目的，时而采用这种风格，时而变换另一种风格，把自己扮演成有智慧的样子。不过，这假面具只能暂时蒙骗没有经验的读者，一旦他们识穿其面目，就会予以讥讽而弃之。我们看到有些作者下笔时热情奔放，如醉如痴；写到第二页又变得认真严谨、引经据典、咬文嚼字，摆出一副有学识的样子，就像已故的克里斯蒂安·沃尔夫那样，只不过披着现代的外衣罢了。但是，戴得最长久的、令人费解的假面具，是在德国，这种风格由费希特开始，然后由谢林完善，最后黑格尔达到顶点，这种风格始终被认为效果极好。

最容易的不过是写出无人能懂的东西；相反，最困难的不过是用大家都能明白的方式，表达出深奥的思想。如果作者真正有理智的话，就用不着使用那些所谓的技巧。因为独立思考的能力使他可以显示真正的自我，同时也可以证实贺拉斯这句话：

> 正确的写作条件就是理智地思考。

但是，上述那些作者就像某些金属加工工人，他们试图以百余种不同的元素合成，以取代那唯一的和不可代替的黄金。但是，作者应该注意的是，不要夸夸其谈，炫耀自己，因为这样做会使读者怀疑他实际上头脑贫乏，腹中空空；因为一个人老是在某个问题上装腔作势，自认不凡，正好说明他对这个问题一无所知。

因此，如果读者称作者的风格质纯、自然，那就是赞扬，因为这意味着作者毫不掩饰自己的面目。一般来说，质朴自然富有魅力，而装模作样总是令人反感。我们也看到，每个真正的思想家都是尽力纯粹、清晰、准确而简练地表达自己的思想。因此，单纯质朴不仅始终是真理的标志，而且也是天才的特征。风格从思想中获得美，而对于冒牌思想家来说，却是思想从风格中得到美。风格只是思想的轮廓，写出模糊不清或者拙劣低下的作品，说明思维迟钝或混乱。

所以，优良风格的首要规则就是，作者必须言之有物，事实上，有这一条规则几乎就足够了。它的含义是十分深刻的！但是，无视这条规则却成了德国哲学著作作者和反思作家的基本特征，尤其从费希特以来。也就是说，这些作者很想显示自己似乎有话可说，但实际上他们言之无物。这种由大学里冒牌的哲学家采用的写作方式，甚至在同时代的文学名家的作品中也是司空见惯的。因此，大学成了那种扭曲的、模糊的、多义的风格之滋生地。在这类作品中，表达方式冗长、烦琐、装腔作势；内容空洞，废话连篇；思想贫乏，喋喋不休，不知所云。哪怕你读了几个小时，也不得要领，不解其意。声名狼藉的《哈雷年鉴》，后来是《德意志年鉴》，都提供了许多这方面的例子。同时，作为一种消遣方式，人们习惯于随便翻翻书本，浏览一下，而不去了解作者的真实想法。他们以为这一切都理所当然，而没有觉察作者只是为了写作而写作。

与此相反，一个优秀的作者，思想丰富，态度认真，言之有物，很快就赢得读者的信任。聪明的读者能够耐心地、认真地阅读。作者的确言之有物，所以，他总是以最简单明了的方式表达自己的思想，因为他的目的在于唤起读者的思想，让其与自己的思想产生共鸣，而无他意。因此，可以引用布瓦洛的诗句：

> 我的思想，可以表露无遗；
> 我的诗句，总是言之有物。

前面提到的那些作者，往往夸夸其谈，实际上言之无物。他们还有一个特点，就是尽可能避而不谈实质的问题，以便必要时可以摆脱窘境。因此，在任何情况下，他们都会选择更抽象的表达方式；而有理智的作者会采用更具体的表达方式，因为这种表达方式能让读者形象而清晰地观察事物，而形象地观察正是一切证据的根源。

有许多例子可以证明那些作者对抽象表达的偏爱。有个特别可笑的例子：在过去十年，在德语文学作品中，本来应使用动词"引起"或"产生"，但人们几乎都用"以……为条件"一词，而这个词语表示抽象的和不确定的意思。使用抽象的词语可以为自己留有后退的余地，因为这些人意识到自己能力不够，总是害怕使用任何决定性的言语。至于其他也偏爱使用抽象表达的人，普遍有一种倾向，在文学作品中的愚昧现象，或者在日常生活中的放肆言行，很快就会被人模仿。这种倾向通过两者迅速蔓延得到证明。英国人在写作时，或者做事时，都要做出自己的判断，但是，这方面很少有人称赞德国人。因此，"引起"或"产生"这类动词在最近十年出版的书籍中几乎完全消失，处处只见"以……为条件"一词。此事实在荒谬可笑，值得一提。

这些平庸的作者，其作品思想空洞、内容无聊，从中可以看出，他们写作时半是清醒，半是糊涂，也就是说，他们连自己使用的词语也不明白其真正的含义，因为这些词语只是他们从别人那里搬来的，并没有真正被吸收，所以，他们写作时只是拼凑词语，通篇都是言之无物的废话。这就是他们运用的词语明显缺乏明确的思想的原因。同样，他们对自己的作品也没有清晰的思想。所以，我们读到的只是词不达意的词汇、陈腐的俗语和时髦的措辞。其结果是，他们写的东西含糊不清，就像是用破旧的打字机打出来似的，读起来令人费解。

与此相反，聪明的作者写作时能够真正面向读者，所以，他们的作品能够使读者感到兴奋和愉悦。只有这些作者才能够有意识地、有目的地遣词造句。所以，这类作者的作品，就像一幅由画家亲自描绘的画，而上述那些作者的作品，就像一幅用模版印出来的画。也就是说，聪明的作者每选用一个词，就像画家每画上一笔一样，都是有特定的目的；而平庸的作者，一切都是靠生搬硬套。在音乐作品中也存在同样的差别。这是因为天才作品的特征在于，理智总是普遍存在于作品的任何细节中。这就像利希滕贝格所说，这与加立克的灵魂普遍存在于他身上所有的肌肉中相类似。

上述提到的平庸作者的作品显得单调乏味，这种单调乏味的原因分为两种：一种是主观的，另一种是客观的。主观原因是作者对自己的作品根本就没有完整的、清晰的思想，而且也缺乏有关的知识。因为一个人如果有清晰的思想、丰富的知识，就能够直截了当地把自己的意图表达出来。这样作品就不会啰唆冗长，也不会言之无物、混乱不堪，令人感到单调乏味。在这种情况下，即使作者的基本观点是错误的，但是这个观点毕竟是他深思熟虑的结果，所以，作品至少在形式上还是正确的，因而这样的作品还是具有一定的价值。出于同样的原因，客观上单调乏味的作品，总是没有价值的。

而主观上感到单调乏味只是相对的，原因在于读者对书中讨论的课题缺乏兴趣，但这可能是作者自己的兴趣范围比较狭窄。因此，即使是优秀的作品，由于读者兴趣不同，也可能在主观上觉得单调乏味。同样，有些低级趣味的作品，某些读者主观上认为很精彩，这是因为他们对题材或者对作者感兴趣。

如果德国的作家能够认识到，一个人应该尽可能地像伟大的天才那样思考，而像普通人那样说话，那他将获益良多。人们要用普通的词语表达深刻的思想。但是，德国的作家却正好相反。他们尽力用华丽的词汇包装平庸的思想，用空话连篇表达深邃的思想；他们写的句子也是笨拙而生硬的；他们写作的文风，虚张声势、夸夸其谈、装模作样。其典型是毕斯托尔，他的朋友福斯塔夫有一次不耐烦地对他说："你应该像世上普通人一样说话。"①

在德语中没有与法语"不自然的风格"相对应的词语，但是，在德国，这种不自然的风格却更常见。如果文学作品出现矫揉造作的风格，就等同在社交中摆出一副趾高气扬、忸怩作态的样子，同样是令人难以忍受的。思想贫乏的作品就喜欢用华丽而空洞的词语装饰自己，正如日常生活中，愚人总是喜欢装模作样，拘泥于形式。

写作风格矫揉造作的人，就像有些人讲究穿衣打扮，怕被人看作是下层民众，并且与之混为一谈。上层人士即便穿最差的衣服，也不会被错认为下层民众。因此，正如人们可以从华丽的衣着上辨认出凡夫俗子一样，从矫揉造作的风格就能认出这是平庸的作者。

尽管如此，如果作者写作时想追求口语化，那也是错误的。每一种写作风格都应该具有精练、简明的特

---

① 《亨利四世》第二部第五幕第三场。——原注

性。所以，要抵制那种想怎么说就怎么写的做法，或者采用相反的做法，也就是说话如同写作一样，这样说话就显得书生气十足，而且难以理解。

含糊不清、模棱两可的表达方式无论在任何情况下都是低劣作品的标志。因为在百分之九十九的事例中，都是由于作者之思想含糊不清导致的。作者思想含糊不清源于其思想前后不一、自相矛盾和不真实。如果作者具有正确的思想，就会追求清晰的表达，并且很快就能做到这一点，因为，思想明确很容易找到合适的词语来表达。

一个人能够想出来的事情，也能够用清晰、易于理解和明确的词语来表达。有些作者编造晦涩难懂、错综复杂、含糊不清的句子，他们根本不知道自己想表达什么；他们只有朦胧的意识，还没有形成自己的思想。但是，他们经常向自己和他人掩饰真相：自己其实根本无话可说。他们像费希特、谢林和黑格尔那样，对一些事情毫无所知，却装作胸中有数的样子；他们其实不曾思考过，却摆出深谋远虑的样子；他们什么也没说，却装作口若悬河的样子。如果一个人真有一些要事要说，那他是选择含糊其词地说，还是言简意赅地说？甚至昆体良①也说过："常常出现这样的情况，内行的人说的话容易理解，也更加清晰简洁，而一个人越是笨拙，他说的话就越难懂。"

同样，作者遣词造句不要让读者捉摸不透，而应该知道自己对一件事是想说出自己的看法，还是不想说。德国作家这种犹豫不决的写作风格使他们的作品失去吸引力。当然，如果作者要传达的是某些未经许可的事情，那就另当别论。

夸张的手法通常会产生一种与目标相反的效果，虽然语言可以让人更容易地理解思想，但这只能在某种限度以内。如果词语的堆砌超出了这个限度，那么，要传达的思想又会变得更加模糊。把握好这个限度是风格和判断力的任务，因为每个多余的词语都会产生与其目标相反的效果。伏尔泰说的话表达了这个含义："形容词是名词的敌人。"但是，许多作家都试图以连篇的废话来掩饰自己思想的贫乏。

因此，作者应该避免一切冗长烦琐的言辞，摈弃一

---

① 昆体良（约35—95），公元1世纪古罗马演说家。

切毫无意义的、不值得读者动脑筋的议论。作者不要浪费读者的时间和精力,不要让他们失去耐心,而要让他们相信这本书是值得认真钻研的,花费的工夫终将有所收获。删除一些优美的东西,总比添加一些空洞无物的东西要好。正如赫西奥德①所言:"一半胜于全部。"②总之,不要把话都说完!所以,尽可能只说要点、精华,不要说读者也能想到的东西。滔滔不绝,却言之无物,这是平庸者的标志。相比之下,言简意赅则是天才的特征。

真理美在不用掩饰,表达越简单,给人的印象就越深刻。原因在于,一方面,它能使读者全神贯注于中心思想,不受次要思想干扰;另一方面,读者没有受到作品中华丽辞藻的迷惑,而是从事物的本质中得到了启迪,收到了效果。例如,关于人类生存之空虚的言辞,没有比《圣经·约伯记》中的这段话给人留下更深刻的印象:"人是母亲所生,人生短暂,且不能安生,有如花开花落,无影无踪。"

正因为如此,歌德自然纯朴的诗歌远胜于席勒修辞

---

① 赫西奥德(约前8世纪),古希腊诗人。
② 《工作与时日》,40。——原注

华丽的诗作。也正是由于这一点,有些通俗民谣才产生如此强有力的影响。所以,就像建筑艺术要避免过分装饰一样,在语言艺术方面也必须摈弃一切华丽的修辞和一切毫无用处的阐述。总之,作者必须尽力坚持简洁朴素的写作风格。所有冗言赘述都会给作品带来不良的效果。简单和纯朴的法则适用于所有优美的艺术,因为简单纯朴等同于高尚。

表达的简洁在于只说有价值的话,避免就读者自己可以领会到的问题做冗长的阐述。因此,要正确区分什么是必要的,什么是多余的。作者永远不能为了简洁而不顾清晰和语法。为了省略几个词语而削弱对某种思想的表达,或者模糊和妨碍对一个长句的理解,这是一种可悲的、缺乏理智的行为。但是,这种所谓的简洁表达,今天仍然很流行,这种做法就是删除一些有用的词语,甚至省略一些必要的语法和逻辑。当今,德国有些拙劣的作者狂热地、难以置信地追求这种所谓的简洁的表达方式。有些作者通过省略一个动词或者一个形容词,来代替几个不同的分句。读者碰到这种情况,就如同在黑暗中摸索,直到最后才露出一丝光亮,也就是关键词出现了，才明白这句话的意思。此外，他们还用了许多不合规则的简略法，那些头脑简单的人还以为这就是简洁表达和精练的写作风格。

现在谈谈简明扼要的表达方式。这种表达方式源于思想的丰富性和重要性，根本不靠删除词语和句子。因为作者的思想是重要而丰富的，值得书写下来，所以，自然而然就能提供大量的材料和内容。这样各种词语、短语、语法就能得到充分利用，就能更好地表达思想。这样的作品读者就不会感到空洞无物、浅薄虚假。因此，作者不应只局限于词语和言谈的形式，更要提升和丰富自己的思想。正如一个人生病后，发觉原先穿的衣服过于宽大，为了穿得合适，那他就应该努力恢复健康，而不是将衣服改小。

三

当今，文学水准在降低，古代语言被忽视，而一种风格上的谬误，即主观性，却日益滋长蔓延。这种主观性在于，作者只满足于自己想说些什么，而不考虑读者喜欢什么。他只管自己信手写来,毫不在乎读者的感受,好像自己在进行一场独白。其实,这本该是一场对话,由于作者听不见读者的提问,所以应该更清楚地表达自己的意思。

正因为这样,写作的风格不应该是主观的,而应该是客观的。为此,书中的语言要直接让读者想到作者所思考的问题。要做到这一点,作者就必须始终牢记:思想要遵循万有引力定律,也就是说,作者写作一部作品,要比读者理解这部作品容易得多。因此,作者要在如何简洁地表达思想方面下功夫。如果作者这样做了,那他的语言就能发挥纯粹客观的作用,他的作品就会像一幅完美的油画。而主观性的风格产生的效果不会比墙上的斑点更可靠,只有那些异想天开的人才会把墙上的斑点看成是图形,而其他人看到的还是斑点。这里所说的差异涉及作品整体的表达方式,但是,经常在个别的例子中也可以得到证明。例如,我最近在一本新出版的书中读到下面这句话:"我不写这本书,是为了增加这本书现存的数量。"这句话可以说是一句废话,刚好与作者想表达的意思相反。

四

写作草率的人，一开始就承认，他对自己的思想评价不高。因为只有作者坚信自己之思想的真实性和重要性，才能热情洋溢地、坚持不懈地以最清晰的、最优美的和最丰富的语言来表达自己的思想，正如人们会选用银质的或金质的器皿来放置圣物或珍贵的艺术品。所以，古代作家伟大的思想及其优美的语言千古流传，并赢得经典作品的称号。这些作家为了写好一部作品总是苦思冥想、呕心沥血。据说，柏拉图的《理想国》之序言七易其稿，每次都以不同的方式改动。

正如在英国衣冠不整的人去参加聚会，表明他不尊重与会者，同样，草率、马虎和拙劣的风格，说明作者不尊重读者。而读者拒绝阅读这样的作品，就是对作者应有的处罚。特别可笑的是，那些评论家抱着赚钱的目的，以极端草率的风格去评价别人的作品。这情形好像一位法官穿着睡衣和拖鞋坐在法庭上。

相比之下，英国的《爱丁堡评论》和法国的《学者杂志》，其写作风格是十分严谨的。就像我要与一个衣衫褴褛的人搭话之前，会迟疑一下，同样，要是我拿起一本书，发现文风不正、草率马虎，就会立即把书放下。

五

优秀的作品必须遵循的基本原则是：一个人写作时只能清晰地思考一个问题，不能同时思考两个或更多的问题。如果作者将主句拆开为若干分句，把一个完整的思想变成多个思想插入分句中，读者就会感到迷惑不解、不知所云。

这主要是德国作者的问题。德语比起其他语言更适合这种表达方式，因此得以流行，但这并不值得称赞。法语的散文读起来令人轻松愉快，这是其他语言无可比拟的，因为它一般不会出现上述错误。法国人会尽可能地以合乎逻辑的、顺应自然的次序把自己的思想连贯起来，把它们展现在读者面前，以便他们进行思考。这样，读者就不会分散注意力，而是集中精力按顺序思考作者的观点。

六

很少有作者写作时会采用建筑师的方式，建筑师在开始建造房子前就先画好图纸，然后连细节都考虑好。而大多数人写作时就像玩多米诺骨牌一样，也就是说，玩这种游戏时，一半抱有目的，一半凭偶然性，把骨牌一块块地排列起来。那些作者写作时也是以这种次序来连接句子的。作品完成之后，他们几乎还不知道，作品的整体结构是什么样子，作品的结论是怎么来的。许多人甚至连这些都没有思考过，就信手写来，就像珊瑚堆积成的礁石似的，复杂的复句一个接一个，天知道结尾在哪里。

今天，生活的节奏如风驰电掣，这也影响了文学，使它变得仓促、草率。

时间是最佳辩手

论教育

一

根据我们智力的特点,人是从观察许多事物的过程中,抽出本质的属性,并形成概念,因此,观察先于概念。如果这个过程确实是这样,那么有一种人在没有教师和没有书本的情况下,仅凭自己的经验,就能清楚地知道,自己的观察隶属于某一个概念,并用这个概念来表达。他准确地了解观察和概念这两个方面,因此能够正确地处理面临的一切事情。我们称这种方法为自然的教育。

与之相对的,就是人为的教育。在我们对直观世界还没有广泛认识之前，我们的头脑就塞满了提示、教导、阅读等概念。经验随后提供具体观察，并形成概念。但是，在这之前，人们会错误运用这些概念，所以，人和物就会被错误判断，被错误看待，被错误对待。这样，教育就会使人走上邪路。

所以，在青少年时代，经过长期的学习和阅读之后，在走上社会时，我们常常表现得时而单纯，时而乖戾；在行为举止上，有时小心谨慎，有时胆大妄为。因为我们的头脑充满着概念，现在正尽力运用这些概念，但是在使用这些概念时，似乎总是出差错。这是弄错了因果关系造成的，主张首先获得概念，然后才进行具体观察，这就违反了我们智力的自然发展过程。老师不是去发展儿童识别、判断和思考的能力，而是尽力向他们灌输别人的、现成的思想。他们长大后，不得不长时间地用亲身的经验，去纠正由于错误运用概念而产生的判断。

这些错误的判断很少能完全得到纠正。所以，具备常识的学者不多，而没什么文化的人对世事却有合理的看法。

二

按照以上所述，教育的关键在于，从一开始就要正确地认识世界，而获得这种认识可能是一切教育的目的。但是，正如我已指出的那样，这主要取决于，对某一事物的观察要先于概念，此外，狭隘的概念要在广泛的概念之前。这样，整个教育就能有序地进行，比如概念的形成就要以事物为先决条件。在这个程序中，只要遗漏一个步骤，就会出现缺陷，由此产生错误的概念，最终导致一种有个体特色的、性情古怪的世界观。

几乎每个人都长期带着这种世界观，大多数人甚至终生都有。你只要考察一下自己就会发现，等到了成熟的年龄，有时突然间，就能正确而清晰地认识到，以前觉得很复杂的生活中的种种事物和状况竟然这么简单。这之前，对事物的认识还存在模糊之处，那是因为初期的教育忽略了某个步骤，也有可能是人为造成的，或者纯粹是自然因素，或者是自身经验的问题。

因此，我们应该试图研究求知的自然顺序，有条不紊地按照这个顺序，让孩子们认识到世界上的种种事物和状况，而不至于产生一些荒唐可笑的念头，这些念头常常不易摒除。为此，必须防止孩子们使用那些概念不清的词语。

但是，最重要的事始终在于，观察先于概念，而不是相反，像通常看到的令人遗憾的情形那样，就如同婴儿出生时双脚先伸出来，或者写诗时先写韵律一样！也就是说，当小孩的智力还未能对具体事物进行观察时，各种概念和看法已经被印入他们的头脑里，而且这些概念和看法都是偏见。后来，孩子们就利用这些现成的概念和看法来观察和积累经验，而不是从观察和经验中得出概念和看法。亲眼观察世界，可以看到许多事物和事物的方方面面，而抽象概念很快把一切笼统归纳起来，这比具体观察要简洁、快速得多。所以，要纠正那些有偏见的概念将是长期的，或者是无尽头的。这是因为观察事物的某个方面与偏见的概念相矛盾，对事物的观察被认为是片面的，甚至被否定。

无视对事物的观察，偏见的概念才会毫发无损。所以，不少人一生总是想入非非、意志消沉、喜怒无常、狂妄傲慢、囿于成见，所有这一切最终成了固定不变的思想。的确，这种人从未试图从他的观察和经验中为自己得到基本概念，因为他把现成的一切都接收过来。这就造成了许多像他那样的人如此肤浅，如此乏味。因此，取而代之的教育方法应该是，遵循自然的求知途径来教育小孩。概念的产生只能借助对事物的观察，至少要用观察的方法去验证概念。这样，小孩获得的概念哪怕很少，但这些概念都是周密的、准确的。这种方法让孩子学会使用自己的，而不是别人的尺度去衡量事物。因此，他们就不会产生许多杂念和偏见——要根除这些杂念和偏见需要长时间的经验和学习。通过这种方法，他们的思维就永远习惯于用自己的认识能力准确、清晰和不带偏见地去判断事物。

总而言之，在孩子们从现实生活中认识生活之前，他们不应该从书本中认识生活的各个方面。因此，不要急于把书本交到他们手中，而是要逐步地让他们认识事物，认识人的状况。要引导他们正确地认识现实生活，促使他们经常地直接从现实世界中获得概念，这些概念应当与现实生活相符，而不是从别处，比如从书籍、神话故事中，或者从别人谈话中获取，然后把这些现成的概念运用到现实生活中。后者意味着，他们带着满脑子的谬误错误地去理解现实，或者按照这些谬误徒劳地试图让现实去适应他们的概念，这样他们在理论上，或者实际上就误入歧途。早期播下的谬误和由此产生的偏见，所造成的危害程度简直令人难以置信。在往后的日子里，他们要把从现实世界和现实生活中学到的知识主要用于根除那些偏见。

根据古希腊哲学家第欧根尼·拉尔修的记载[①]，当安提西尼[②]被问到最需要学习的知识是什么时，他回答，忘掉学过的谬误。

三

因为早期接受的错误概念通常难以根除，而一个人的判断力是最后趋于成熟，所以，未满16岁的孩子都不应当接触可能含有重大错误的学科，如哲学、宗教和其他具有各种观点的学科。他们只能学习那些不可能含有

---

① 《名哲言行录》第六卷，7。——原注
② 安提西尼（约前435—约前370），古希腊哲学家，犬儒哲学派的创始人。

谬误的学科，如数学；或者学习那些没有什么严重谬误的学科，如语言、自然科学和历史等。

总而言之，每个年龄段的人只能学习那些他感兴趣的、完全能理解的科学知识。童年和青年时代应该把时间用于收集资料，用于专门而彻底地认识个别事物。这个时期，总的来说判断力尚未成熟，最终的解释必须推迟到以后。运用判断力的先决条件是成熟和经验，因此，要等待时机，就像瓜熟蒂落那样。同时，要注意在他们运用判断力之前，不要强行向他们灌输种种偏见，否则，就会导致判断力永远失效。

青少年时期的记忆力是最强、最牢固的。但是在选择要记忆什么事物时，就需要我们采取谨慎周密、深思熟虑的态度。因为青年时代学到的东西总是记忆犹新。记忆力，这是一种至为宝贵的能力，应该充分利用，尽可能获得丰硕的成果。

如果我们回忆一下，在我们12岁以前，我们所认识的人是何等深刻地被铭记在心，在那些岁月中发生的事情，尤其是我们大多经历过的、听到的和学到的东西，同样给我们留下难以磨灭的印象。那么，很自然的想法就是，将青年时期头脑里具备的接受能力和记忆力作为教育的基础，根据准则和规律，有方法地、有系统地使头脑接受各种印象。

因为每个人的青春都是短暂的，记忆力也是有限的，特别是个人的记忆力总是有局限的。所以，最关键的是，要把每个学科中最基本的和最重要的知识传授给青少年，其余的可弃而不用。

这些选择工作可由各科的精英和专业人才去做，他们经过深思熟虑之后，把选择的结果固定下来。这种选择的根据在于，把对一个人而言，对每个特定的职业或专业来说，必须知道的、重要的知识筛选出来。

然后，第一类的知识必须以逐级扩展的课程或百科全书来分类，以适应普通教育。普通教育按每个人的程度而定；这种分类从基本课程开始，扩展到哲学专业所涉及的全部学科。第二类的知识应由各个学科的专家去选择。这一整套规则就是专门为智力教育制定的，当然，这些规则每隔10年就必须修订一次。

经过这样的分类，年轻人记忆上的优势就可以得到充分的发挥，为日后出现的判断力奠定坚实的基础。

四

一个人认识能力的成熟,即每个个体的认识能力能够达到完美,就在于,他所拥有的全部抽象概念与他对事物观察后的见解能够准确地联系起来。因此,他的每个抽象概念都直接或间接地建立在观察的基础上,只有这样,抽象概念才具有实际价值。

同样,认识能力的成熟也意味着,他能够把每次的观察归纳到正确和适当的概念中。这种成熟是经验积累的结果,它需要一定的时间。因为,我们得到的观察知识通常有别于抽象知识,前者是通过自然途径获得的,后者是由他人传授和受教育获取的,它可能是有益的,也可能是有害的。

一般来说,在年轻的时候,我们所获得的抽象概念与真实知识是无法吻合的,前者是由词语固定写的概念,后者是通过观察得到的结果。尔后,这两种知识互相纠正谬误,彼此逐渐接近,当两者完全融合时,认识能力才会成熟。这种认识能力的成熟完全不受一个人能力的大小和完美程度的影响,因为一个人的能力大小并不是以抽象知识与直观知识的关联为依据的，而是由这两者达到的强度所决定的。

五

对一个重视实际的人来说，最需要学习有关人情世故的准确且广博的知识。但是，这种学习又是漫长的，他就是活到老，仍然也要学到老，学无止境。而在科学领域里，一个人在年轻的时候就已经掌握了最重要的知识。在人情世故方面，儿童和青少年作为初学者需要学习一门最初的也是最难的课程；但是，哪怕是成熟的人也必须经常补上这门课。

学习这类知识本身就已经十分困难了，而小说又使这些困难大大增加，因为小说叙述的事情的经过和人物的行为，在现实生活中并不存在。但是，这些东西易被轻信的年轻人接受，尔后成为其思想的一部分。这样，原来只是无知的否定，现在却成了实实在在的谬误，而且是一整套的错误概念。这些错误概念后来甚至扰乱了学校的正规教育，使人错误地理解所学到的知识，如果青少年先前只是在黑暗中行走，那么现在他们则被鬼火误导陷入歧途。对于女孩子而言，这种情况更为严重。青少年由于读小说无形中被灌输了完全错误的人生观，产生无法实现的奢望。一般来说，这些都会给年轻人终生带来不利的影响。在这方面，有些人年轻时没有时间或没有机会阅读小说，如手工艺工人等，他们就有明显的优势。

有些小说除外，可免受上述谴责，不但如此，反而起到抗邪除恶的作用，例如法国小说家勒萨日的长篇小说《吉尔·布拉斯》等，此外，还有《威克菲牧师传》，以及沃尔特·司各特的一些小说。《堂吉诃德》可被视为讽刺描写上述错误做法的作品。

论学者

一

我们看到，为了教育人类建立了许多学校，还看到，成群结队的学生和老师，还以为人类十分重视真理和智慧。但是，这些都是虚假的表面现象。教师授课是为了挣钱，他们追求的不是智慧，而是光耀和名誉；学生读书不是为了获取知识和明智，而是为了闲聊和显摆。这世上，每隔三十年就涌现出一代新人，起初他们一无所知，现在却想把人类数千年积累下来的知识，以最快的速度狼吞虎咽下去，然后，他们渴望自己比所有前人都更加聪明。为了达到目的，他们上大学，开始读书,谈他那个时代最新出版的书。这些书简单地说必须是新的!就像他们自己也是新的。继而,他们就有资格评判别人了。在这里,那些以谋生为目的而学习的人更是不值一提。

二

各类大学生和大学毕业生,不论其年龄大小,一般来说,他们的目的只在于获取信息,而不在于明白事理。他们以掌握一切信息而自豪,比如岩石、植物、战争、实验以及各类书籍。他们没有想到,这些信息资料仅仅是帮助理解问题的工具,它们本身没有什么价值,或者毫无价值;而一个有哲学头脑的人,其特征就在于思维方式。看到那些博学而成万事通的人,我有时心想:一个人博览群书,他肯定很少思考!我甚至看到报道,说大普林尼①在餐桌旁、旅行中,有时还在浴室里,总是不停地读书,或者让人读给他听。看到这里,我不禁生疑,老普林尼的思想是否贫乏到这个地步,以致要

---
① 大普林尼(23—79),古罗马文学家。

把别人的思想不断地灌输给他，就像一个肺结核患者要喝法式清汤才能维持生命一样。他的作品中缺少分辨能力，还有其令人生厌的、晦涩的、摘录式的文体，都无法让我高度评价他的独立思考能力。

三

正如大量地阅读和学习会使你的思维受到损害，同样，大量地进行写作和教学，会使人对事物失去清晰而透彻的认识和理解，因为在理解和认识方面他没有时间做到清晰和透彻。所以，做报告时，当他必须清晰地说明见解时，只好用空话来充数。大多数作品既冗长又无聊，原因就在这里，而不是论题枯燥无味。正如人们所说，一个出色的厨师能用一只旧鞋底烧出一道好菜，同样，一个优秀的作家也能把枯燥的事物写得妙趣横生。

四

对于绝大多数学者来说，他们的知识只是工具，而不是目的。因此，他们永远不可能在自己从事的学科取得伟大的成就。因为，若要做到这一点，他们就必须把所从事学科的知识作为目的来追求，而其他一切事物，以及事物的存在本身都只是工具。一个人如果从事某一工作，而不以这工作本身为目的，那他就是半心半意对待工作。一个人无论从事什么工作，只要他为了这工作本身而工作，而不是把它看作达到其他目的之工具，那么，这一工作就是出色的。一个人把自己获取的知识作为他研究的直接目的，而不是用他人的知识来影响自己的思维，那么这个人在思想上就能够有所创新，取得杰出的成就。但是，一般来说，学者们进行研究的目的是能够教学和写作。所以，他们的头脑就像失去消化功能的肠胃。正因为这样，他们的教学和作品就没有什么意义。因为未经消化的渣滓无法给人养分，只有从血液里分泌出来的乳汁才能滋养身体。

五

假发是代表纯粹学者的最恰当的象征。用别人浓密的头发恰到好处地覆盖在自己毛发稀疏的脑袋上，正如学者表面上博学多才，但脑袋里却装着大量别人的思想一样。当然，别人的思想不可能那么融洽、那么自然地装进自己的脑袋，也不适用于一切目的，也不可能在自己的脑袋里扎根；这种别人的思想一旦用尽，他们马上就会用另外一个人的思想取而代之，正如从同一块地里长出的东西一样。所以，英国小说家斯特恩在他的小说《项狄传》中大胆地说："自己的智慧，哪怕只有一孔之见，其价值也百倍于别人的智慧。"

事实上，最渊博的学问与有创造性的天赋，两者完全无法相比。前者不过像植物标本那样，永远是枯萎的；后者不断有新的创意，永远生气勃勃，永远千变万化。没有什么比古代作家的纯朴与注释者的博学形成的对比更鲜明了。

六

业余爱好者，纯粹是业余爱好者！

那些所谓的学者为了利益，为了赚钱从事一门学问或艺术，见到别人热爱艺术，并孜孜求之，于是就发出如此轻蔑的喊声。这种蔑视的态度是出于他们低级的想法，他们认为，没有人会认真严肃地从事一门学问或艺术，除非受到环境、饥饿的压迫，或者受到某种欲望的引诱。公众也有这样的心理，也有同样的想法。因此，人们普遍尊重专业人员，怀疑业余爱好者。事实上，业余爱好者把从事的工作当目的，而专业人员只把从事的工作当手段。一个人只有热爱一件事，才会对它直接产生浓厚的兴趣，才会热心而认真地献身于这一工作。正是这些人，而并非那些为赚钱而工作的人，才会创造出最伟大的成绩。

七

在学术界就像在其他领域一样，人们喜欢单纯的人，他默默无闻，不求比别人聪明。对于那些有才华的人，人们却视之为威胁，于是联合起来，群起而攻之。噢，他们这边可是人多力量大。

总的来说，在学术界，情况就跟在墨西哥的一个州一样，在那里，每个人只想着自己的利益，只为自己谋求声誉和权力，完全不关心整体利益。这样，国家会因此而走向崩溃。在文学界也是如此。每个人只想自己受到重视，出人头地，赢得威望。他们唯一意见相同的地方就是，一旦出现真正杰出的人物，他们就试图压制他，因为他的出现对他们构成了威胁。整个知识界的情况由此可见一斑。

八

教授与独立学者之间，自古以来就存在某种相互敌视的关系，这种敌视也许可以比作狗与狼之间的对立。

教授由于其地位，具有很大的优势，使自己在同时代人中享有名望。与此相反，独立学者由于其处境，具有深受后世推崇的优势；要达到这种声誉，除了其他的和非常宝贵的条件外，也需要拥有一定的空暇和自由。

教授与独立学者，人们应当更青睐哪一个，这需要长时间才能找到答案，也许，他们可以并肩合作。总的来说，教授可以说是在畜棚里取食，这很适合于反刍动物。反之，用自己的双手在大自然中猎获食物者，更适合生活在野外。

九

人类各种各样的知识，其中绝大部分总是留存于文件和书本里，人类就是这样利用纸质把往事存留在记忆中的。只有一小部分知识在特定的时期，才真正在某些人的头脑里发挥作用。出现这种情况，原因在于人生短暂，世事无常，此外，也由于人的惰性和耽于享乐。每代人在人生历程中都是匆匆过客，他们获得的知识仅仅供自己的需求。很快，这一代人就悄然逝去了。大部分学者都是很肤浅的。接下来的一代，满怀新的希望，却又一无所知，一切需要从头学起；从中他们学到了很多东西，或者掌握了在其短暂的人生历程中于其有用的知识，然后，同样又落幕了。所以，如果没有作品和印刷品，人类的知识就无法传承下来！因此，图书馆成了保留人类记忆的唯一可靠而持久的地方。人类单个成员的记忆是有限的、不完美的。所以，大多数学者都不愿意让别人来考核自己的知识，就像商人不想让客户核实其账本一样。

人类各个领域的知识浩如烟海，对于有价值的知识，个人甚至只掌握千分之一。

科学学科繁多，要想在某个领域有所成就，就要埋头其中，努力钻研，而无暇顾及其他领域。一个人在他专注研究的领域确实比别人高明很多，但在其他领域则是普通一员。再补充一点，今天人们越来越忽视学习古代语言，对古代语言一知半解是毫无用处的，由此，人文科学的普通教育也被取消了。这样，学者们除了具有本专业的知识外，完全是个笨蛋。

一般而言，这样一个专家就相当于一个工厂里的工人，他一辈子在创造特定的螺丝钉、钩子、把手等机器零件，的确，在这方面，他达到了十分熟练的程度，除此之外，他再也没有什么其他作为了。我们也可以把这种专家比作这样一个人，他从未离开过自己住的家；他对这个家的一切了如指掌，每一级台阶、每一个角落、每一根横梁，就像雨果的作品《巴黎圣母院》中的敲钟人加西莫多熟悉整个教堂一样。但是，教堂外面对他来说，一切都是陌生的、不了解的。

真正的人文教育绝对要求一个人应当知识全面、视野宽阔。因此，严格地说，学者应该具有广博的知识。但是，如果一个人想要成为哲学家，那么在他的头脑里必须装下人类博大精深的知识，这些知识能够用于何处？

第一流的天才绝不会成为上述的专家。对于这样的天才而言，他们把存在的整体作为自己的问题；他们中的每个人都以某种方式为人类提供一种崭新的富有启发性的说明。他们完全配得上天才的称号，他们把事物的整体和细节、本质和普遍作为研究的课题，而不是一生都致力于试图解释事物之间的某种特殊的关系。

论判断力

一

康德①在《判断力批判》一书中阐明了他的美学。对此,我在研究了上述的美学之后,在这篇文章中针对判断力的批评,也做些短小的补充。但这只是依据经验的判断力,我的目的是想说,人们在大多数情况下,并没有判断力,因为判断力就像不死鸟一样是很罕见的,要等五百年才能见到它出现一次。

---

① 康德(1724—1804),德国哲学家,德国古典唯心主义哲学的创始人。

二

人们没有选用品味来表达审美能力,说明只是发现或承认美学上正确的东西,而这种发现或承认并没有在某一条规则指导下进行。出现这种情况,要么一直对此就没有规则,要么评判者不知道有这样的规则。我们可以不用审美能力这个词,而用美学的感觉,这只是词义的重复而已。

与男性创造性的才能或天才相比,对审美能力的理解和判断,可以说是女性的特征,不在于创造,而在于设想的能力,也就是识别什么是正义的、美丽的、适宜的,什么是与这些相反的,因此能够辨别好与坏,发现并重视好的,拒绝并摒弃坏的。

三

作家可分为不同类型,正如流星、行星和恒星。流星能轰动一时,引人抬头仰望,大声叫喊:"瞧,在那儿!"然后它们很快就消失了。行星持续的时间长得多。它们闪闪发光,常常比恒星更明亮,不内行的人对行星和恒星总是混淆不清,这是因为它们靠得太近。过不久,在原来的地方看不见它们了,也就是说,这些行星之光是从其他星球反射过来的,它们影响的范围仅限于同一轨道,也就是同时代之星。这些行星会变动,并且迁移,若干年后会循环一次。只有恒星是唯一持久不变的,它们在天空中的位置是永恒固定的,它们自身会发出灿烂的光芒,此时彼时都不会变化,因为恒星的外貌不会由于我们观看的位置不同而改变,它们是没有视差的。与流星和行星不同,这些恒星不属于一个星系、一个民族,而属于整个世界。但是,由于恒星离我们十分遥远,所以,其光芒通常要等好多年之后,才能让地球上的人看见。

四

衡量一个天才,不应该为了贬低他而只看他作品中的错误,或者只看他没什么反响的作品。我们应该注重他最杰出的作品。因为甚至在知识分子中,人性的弱点和错误都是根深蒂固的,哪怕是出类拔萃的人,也难以完全摆脱这种弊病。所以,即使最伟大的作家创作的作品,也会出现较大的错误。贺拉斯①说:"杰出的荷马也有打瞌睡的时候。"天才标志着什么,其标准应该是,在时间、氛围都对他有利的情况下,所能腾飞的高度,这种高度是平庸之辈永远无法达到的。同样,把同一等级的杰出人物,比如伟大的诗人、音乐家、哲学家和艺术家之间进行相互比较,也是一件很棘手的事情。这样做,几乎不可避免地有失公平,至少目前是这样。也就是说,我们看到一位伟大人物具有某种特有的优点,但马上发觉,另一位伟大人物却不具备这种优点,通过比较,后者被贬低了。但是,后者具备另一种独特的长处,而这种长处在前者身上却找不到,这样一比较,这回前者被低估了。

五

对于思想上有价值的作品来说,其不幸在于,必须

---

① 贺拉斯(前65—前8),古罗马诗人。

静心等待，让那些本身只会创作低劣作品的人来赞美优秀的作品。虽然优秀的作品必须经过专家的判断才能获得此桂冠，但是对于大多数人来说，其判断力是薄弱的、无效力的、貌似有理的。所以，可把判断力算作罕见的天赋。由此可见，拉布吕耶尔①说得很真实、很优美，他说："世上至为稀罕的东西，除了辨别力，就是钻石和珍珠了。"人们缺的就是辨别力，也就是判断力。人们不懂得区分真实与虚假、精华与糟粕、黄金与黄铜，也看不出平庸与天才之间的遥远距离。其结果正如一首古诗所表达的那样：

> 在这个世界上，这就是伟大人物的命运，
>
> 要等到他们离世时，才被人们赏识。

真正的、优秀的作品刚一问世，就遭到低劣作品挡道，并被其冒名顶替。后来，经过长时间的艰难奋斗之后，优秀作品终于成功地回到了属于自己的地位，并赢得了声誉。过了不久，人们又把某个矫揉造作的、毫无

---

① 拉布吕耶尔（1645—1696），法国作家。

思想的、笨拙的模仿者抬出来，沉着镇定地把他与天才人物并列放在圣坛上，因为人们分不清两者的区别，于是认真严肃地认为，这个模仿者又是一个天才人物。因此，正如《伊利亚特》①第二十八个文学寓言之开头所说的那样：

> 在任何时代，愚笨之徒都认为，
> 优质的和劣质的东西都一样美味。

莎士比亚去世后不久，他的剧本就得让位给本·约翰逊、马辛格、博蒙特和弗莱彻的作品，他们的剧作占据剧坛达百年之久。同样，康德的严肃哲学被费希特的轻浮、谢林的折中主义和雅各比令人讨厌的废话排挤。直到后来，一个可悲的招摇撞骗者黑格尔居然被视为与康德齐名，甚至高于康德。甚至众所周知的、无与伦比的沃尔特·司各特很快就被令人鄙视的模仿者挤出了大众的视线之外。这是因为大众对于杰出的作品根本就感觉不到。所以，他们无法想象，真正能够在诗歌、艺术

---
① 古希腊史诗，相传为荷马所作。

或者哲学领域有所成就的人是多么稀少,他们的作品是多么值得我们关注。下面请看贺拉斯的诗句:

> 神灵和人类,还有张贴广告的柱子,
> 都不允许诗人和作家变得平庸。

有些人从事文学领域和其他高级学科的工作,但他们工作马虎,敷衍了事,我们应该每天毫不留情地把贺拉斯的哲学诗句在他们面前诵读一下。这些人创作出来的东西就像杂草——杂草丛生,妨碍了小麦的生长。所以,就出现了这样的情形,正如英年早逝的福伊希特斯莱本独特而优美的描述:

> "没有好作品,无所作为!"
> 他们傲慢地叫嚷。
> 伟大的作品已成熟,
> 悄悄地来了。
> 巨著问世了,但无人看得见,
> 也无人听到任何评论。

她怀着微弱的悲伤,

悄悄地走了。

这种缺乏判断力的可悲情况同样表现在科学领域,这说明了已被批驳的、错误的理论具有顽强的生命力。一旦信了这些谬误,今后五十年,甚至一个世纪,真理就会遭到抗拒,就像防波堤抵挡海浪一样。过了百年之后,哥白尼仍然没有挤掉托勒密[①]。培根、笛卡儿和洛克经过漫长的时间才见到光明,只要读一下达朗贝尔为《百科全书》写的著名序言就知道了。牛顿的情况也是这样,我们可以看看,莱布尼茨在与克拉克争论时,对牛顿地心引力体系以愤怒和讽刺的态度进行攻击。牛顿在他的作品《自然哲学的数学原理》发表后,差不多还活了40年,直到他去世,他的学说只在英国得到部分承认。按照伏尔泰描述牛顿学说一书的前言所说,牛顿在国外的追随者不过20人。正是由于伏尔泰的介绍,在牛顿去世20年后,他的学说体系才在法国传播出去。直到那时,有爱国热忱的法国人还坚定而顽强地坚持笛卡儿

---

① 托勒密(约90—168),古罗马天文学家。

的旋涡说。而在这40年前，笛卡儿的哲学在法国的学校还是遭到严禁的。另外，达格索大法官还不准伏尔泰付印他撰写的介绍牛顿学说的文章。与此相反，在歌德的颜色理论出版40年之后，牛顿那荒谬的颜色理论，还完全占据统治地位。休谟[①]早就崭露头角，其作品通俗易懂，但是，在他50岁之前还是不受重视的。康德一生都在写作和授课，但他直到60岁才初露锋芒。

当然，艺术家和文学家比思想家有更多展示自己的机会，他们拥有比思想家至少多100倍的读者。但是，莫扎特和贝多芬在世时，受到重视了吗？但丁受到重视了吗？莎士比亚呢？要是莎翁同时代的人对其作品的价值有丝毫的认识，那莎翁至少会给我们留下一张逼真可信的肖像，况且那个年代的绘画艺术繁荣兴盛。但是，现在只留下几幅绝对令人抱有怀疑的油画、一幅拙劣的铜版画，还有一个质量很差的墓碑上的半身塑像。同样，莎翁本该遗留下数以百份计的手稿，而不是像现在只留下几个在法律文件上的签名。

现在所有的葡萄牙人仍然为他们唯一的诗人卡米奥

---

① 休谟（1711—1776），英国哲学家。

斯感到自豪，但他却是靠接受施舍为生的。他从印度带回来的一个黑人男孩每天晚上在街上替他收集人家施舍的钱物。当然，随着时间流逝，每个人终究会得到公正的评判，正如谚语所说："时间是正直之人。"但是这种公正总是姗姗来迟，正如以前帝国最高法院那样，一直保持沉默不语，其原因就是，这个作者已经去世。耶稣·便·西拉的规定"不要赞美在世之人"被忠实地奉行了。谁创作了不朽的作品，就要用这个印度神话来安慰自己：天上一日，人间已千年；同样，人间千年，天上只一日。

我在这里诉说缺乏判断力一事，也表现在下面的情况中，虽然在每个世纪，人们会尊重以前的杰作，但对同时代的杰作却做出错误的判断，本该注重这些杰作，现在却关注粗劣之作。每个年代都会出现这样低劣的作品，为后人提供了笑料。当真正值得赞扬的作品在同时代出现时，人们却很难识别它们，这证明了，这些已被承认的天才之作，虽然人们听从权威的评价而尊重它们，但还是不理解，不会欣赏，更不会判断。那些粗劣的作品一旦享有盛誉，比如费希特的哲学，就能在一两代人中保持这种信誉。只有当他的读者人数很多时,他才会很快垮台。

六

正如太阳需要眼睛才能看见它的光芒,音乐需要耳朵才能听见它的声音,同样,在艺术界和科学界所有巨作的价值在于,有才智的人与巨作的思想相近,能理解其思想,能与其沟通。只有这种有才智的人能够拥有这种咒语,并利用其去唤醒隐藏在这些巨作里的精灵,让其出头露面。平庸之辈面对这些巨作,就像面对一个密封的魔柜,或者面对一件他不会弹奏的乐器,只好在那里乱弹一通,自欺欺人。好比同样一幅油画,在昏暗的角落看,或者在阳光下看,其效果是不一样的;同样一部大师之作,读者因理解力不同,留下的印象也不同。所以,一部优秀的作品需要感人的精神,一部能让人记忆犹新的作品要有令人深思的思想,只有这样,作品才有生命力。不过,当作者把这样一部杰作献给世人时,他面临的情况,就像放烟花者花了很长时间和精力准备好了烟花，终于兴高采烈地燃放了烟花，然后才发现来错了地方，观看烟花的全部观众都是从盲人院出来的。但是，他这种情况还不算最糟糕的，如果观众刚好是制作烟花的人，而且燃放的烟花五彩缤纷，那简直要他的命了。

七

同种性是令人感到高兴的泉源。对美感而言，自己的同类和同类中又与己同种族的，无疑是最美的。甚至，在与人交往中，每个人都明显地喜欢与自己类似的人。所以，一个蠢人不喜欢与所有大思想家来往，而更喜欢与其他蠢人交往。因此，每一个人首先最喜欢的必然是自己的作品，因为它正是自己心灵的反射和自己思想的反映。然后，与他同类的人所写的作品也合他的意。因此，那些庸俗的、乏味的、古怪的、善于卖弄文字的人，只会向与他一样庸俗的、乏味的、古怪的、善于卖弄文字的同类人表示赞许。对于伟大思想家的作品，他迫于权威，也就是出于恐惧而被迫承认这些作品的价值。但是,他在内心里是不喜欢这些作品的,可以说很反感,甚至厌恶,但是,对此他嘴上是不能承认的。只有出类拔萃的人才能真正欣赏天才之杰作。最初,如果没有权威指点,要认出这些作品是天才之作,那就需要具有非凡的智力才行。据此说法,考虑到这一切,那些巨作迟迟才赢得赞扬和声誉,就不足为奇了。只是这一结果得来不易,要经历一个漫长的、复杂的过程。也就是说,每个蠢人慢慢地、勉强地、好比被制服了似的承认与他相比拥有优势的人具有权威。这一过程向前发展,到后来则以声音的大小而不是以数量制胜,这正是一切真正的、理应获得声誉的条件。但是,到了这时,最伟大的天才之作在经历了考验之后,仍然处于这种处境,就像微服出访的帝王来到他的百姓当中,而他们并不认识他,如果没有大臣前呼后拥,百姓也不会听从他的号令。这是因为下级官员不可能直接得到帝王的圣旨。他们只会识别他顶头上司的签名,如此这般,层层推进,直到内阁秘书识别出大臣的签名,而这位大臣又可鉴定帝王的真迹。天才在民众中的声誉也是类似这种逐级认可的。这个过程在开始时最容易陷入停顿,因为高层的权威人物寥寥无几，经常甚至完全没有。随着过程发展，权威人物也就越来越多，这样天才的名声也就渐渐地远扬了。

对于这个过程，我们只能这样自我安慰：大多数人无法靠自己的能力，只好借助权威去判断作品，这其实也是一件值得庆幸的事情。试想一下，如果每个人根据自己对作品的理解做出判断，而不是由权威去评判——尽管这些评判并不完全出于真心，那么，对柏拉图、康德、荷马、莎士比亚、歌德等人的作品，大多数人会做出怎样的判断呢？要是没有这个过程，真正优秀的作品根本就不可能获得应有的声誉。同时，每个人还拥有一定的判断力，以识别和遵循在他之上的权威，这样，许多人最终就服从少数的权威，于是就产生了评判作品的等级制度。优秀作品的产生就是以这个评判制度为基础的。底层民众则很难感受到伟大思想家的功绩，最终只能通过树碑立传给他们留下印象，使他们对天才人物的功绩产生某种模糊的想象。

论嫉妒和名声

在阻碍优秀作品赢得名声方面,嫉妒不亚于无判断力。甚至对低层次的作品,嫉妒从一开始就阻止其获得名声,一直到后来,还是穷追猛打。因此,嫉妒给恶劣的世道增添了阴险。阿里奥斯托说得很正确:

> 凡人之人生,
>
> 阴暗甚于明亮;
>
> 人生之路,
>
> 充满着嫉妒。

嫉妒是平庸之辈的心灵,他们处处流行,默默地、不加约定地联合起来，抵制各种出类拔萃者。他们不想知道在自己的工作范围内有这样的优秀人才，或者，不能容忍在自己的领域有这样的佼佼者。相反，"如果有人在我们这里出人头地，那么，就请他到别处去吧"，这是平庸者一致的口号。这样，杰出的人才就很罕见，要发现人才、理解人才、赞扬人才，困难重重，无数嫉妒之心在压制杰出的人才，恨不得使他们窒息而亡。

对待功绩有两种方式：要么拥有一些，要么否定一切。由于后者更方便，所以通常更受青睐。

因此，只要在某一学科有人初露锋芒，学科里所有平庸之辈就会一致行动起来去掩盖他的成绩，剥夺他显露才华的机会，并以各种方式阻止他崭露头角。有才华的人好像是犯了叛逆罪，是对他们的无能、肤浅和拙劣的背叛。在大多数情况下，他们这套压制的办法在较长的时间里是很有效的，这是因为有才华的人怀着纯朴的心，把自己的作品献给大家，还以为他们会很高兴，殊不知他们是卑鄙无耻之人，耍阴谋诡计倒是行家里手。这位才子甚至没有料到，也不理解他们使用的伎俩。在受到冷嘲热讽之后，他也许开始怀疑自己的作品。这样一来，他渐渐地糊涂起来了。要不是他及时睁大眼睛，看清他们施用的卑鄙无耻之勾当，说不定他还会放弃自己的志向。

这样的例子用不着在眼前和远逝的年代去寻找，我们就看看德国的音乐家是如何嫉妒音乐天才的。他们在一代人的时间里反对承认伟大的罗西尼①的功绩。在一次公开的大型演唱会上，我亲耳聆听了罗西尼不朽的旋律，但可笑的是，唱出来的是菜牌上的菜名。这是多么无能的嫉妒啊！罗西尼优美的旋律压倒并吞没了平庸的歌词。因此，尽管嫉妒者横加阻挠，罗西尼美妙的旋律依然传遍全球，使每个听众顿时心情舒畅、神采飞扬，过去是这样，现在还是这样，将来仍然是这样。此外，我们看到有个名叫马歇尔·霍尔的人被发现在医学上做出了一些功绩，随后，德国的医生，尤其是医学评论员对此大为光火。嫉妒说明技不如人，嫉妒别人的功绩，说明自己在这方面缺乏功绩。关于对出类拔萃者采取嫉妒的态度这一现象，杰出的巴尔塔萨尔·格拉西安在

---

① 罗西尼（1792—1868），意大利歌剧作曲家，代表作为《塞维利亚的理发师》。

一篇寓言里做了优美的描述。这篇寓言题为"炫耀的人",选自《审慎》一书。寓言这么说:一群鸟儿聚集在一起,共同策划对付孔雀和它的羽毛。喜鹊说:"只要我们能够阻止它开屏,它就变得暗淡无光了,还有什么美可言!看不见它开屏,美就不存在了。"因此,谦虚的美德纯粹是用于预防嫉妒而发明的自卫之武器。无赖总是要求别人谦虚,看到出类拔萃者自谦,内心里暗暗高兴。对此,在我的主要著作第2卷第37章第426页已做了详尽的论述。"只有无赖才是谦虚的。"歌德这一名言,许多人听了都很恼火。一位老前辈在塞万提斯的《巴尔那斯游记》附录的一篇关于诗人的行为准则文章中也这样说:"每个诗人创作了诗,要明白自己是诗人,要尊重自己,要坚信这一俗语:认为这是无赖的人,就是一个无赖。"莎士比亚承认,在他的许多十四行诗中,他可以谈论自己,信心满满又落落大方地认为他的作品是不朽的。负责莎翁作品当代校正和评注的编者科利尔,在为十四行诗所写的序言中说:"在许多十四行诗中,可发现诗人明显的自信之迹象,可感觉到他对这些诗作之不朽表示深信不疑。诗人在这方面的看法是一贯的、坚定不移的。他总是毫不犹豫地说出自己的看法，也许从古至今，还没有一位作家对自己遗留下来的作品，经常而明确地表达自己坚定的信念，世界对于他创作的文学作品也不会任其消失。"

嫉妒者为了贬低优秀的作品，常用的伎俩就是不知廉耻地、肆无忌惮地吹捧伪劣的作品，只要伪劣之作受到重视，优秀之作就输掉了。这一招见效了，尤其是广泛使用这种手段，短时间内是有用的。但是到了最后，清算的时候总会到来。伪劣之作赢得暂时的名声，但是那些卑鄙的吹鼓手却要长期付出失信的代价，所以，他们只好匿影藏形。

直接贬低别人和指摘优秀之作，会面临和上述同样的危险，尽管这危险不至于迫在眉睫，但是，许多人很精明，不会下决心使用这种办法。因此，当作品初露锋芒时，最初的情形，就像鸟儿看到孔雀开屏那样，同行感到自尊心受到了伤害，他们只是保持沉默，就像已有约定：大家一致闭嘴。这正如塞涅卡所说的"嫉妒者的沉默"。如果作品的直接读者是作者的同行，比如在科学领域，那么，更多的读者不是自己去调查情况，而是间接地通过直接的读者来行使其投票权，这样，直接的读者只是阴险而怀有恶意地保持沉默，采取视而不见、不理不睬的态度，以为时间久了就可以达到目的。但是，那种"嫉妒者的沉默"终究会被赞扬声打破，那些在此呼吁公正的人多少也带有个人的意图：

> 不管是许多人，还是一个人，
> 赞赏别人，
> 就是为了炫耀一下，
> 自己有什么才能。①

每个人如果把名誉给予同行或相近学科的人，那归根结底就必然剥夺自己在这方面的名誉，赞扬别人就只能付出自己的名誉做代价。所以人们不会乐意赞扬别人，却喜欢责备别人，诽谤别人，因为这样做就是间接地颂扬了自己。要是人们颂扬了别人，肯定有其他的考虑和动机。不过，这种颂扬在这里不能看作是同行之间的无耻吹捧，承认和表彰别人最重要的还是要看其做出

---
① 歌德《西东合集》。

的成绩,这可参照赫西奥德和马基雅维利①提出的智力三等级。谁要是放弃希望,不要求达到第一级,就会乐于抓住时机,占领第二级的位置。人们自信地期待自己做出的每个成绩最终能够获得承认,几乎唯独就是基于这一点。也是由于这一点,在一部作品的巨大价值得到认可,不再被掩盖和否定之后,人们就会纷纷表示赞扬和敬意,因为他们深知色诺芬说的话:"你必须是智者,才能认出谁是智者。"因此,承认别人的成绩也为自己带来荣光。所以,当他们无法获得原创的成就时,就赶紧抓住时机,表现出慧眼识珠、善于发现人才的智慧。于是,这种情况有点像一支被打垮的军队:原先他们在战斗,冲锋在前;此刻在逃跑,每个人都想跑在前面。也就是说,现在每个人都急急忙忙地表示赞赏那部已被认可的杰作。这样,赞赏者至少能为自己具有审美能力保留住尊严。

由此很容易看出,名誉虽然很难获得,但是一旦得到,也很容易保持。同样,快速得到的名誉,很快也会消失。拉丁语也这样说:"来得快,去得也快。"

---

① 马基雅维利(1469—1527),意大利历史学家。

其中的道理是可以理解的，某一杰出的价值普通人能看得出来，同行也愿意承认，因此，该作者的能力不会比普通人和同行的能力高出很多。这是因为，对于赞扬别人，赞扬者只能做力所能及的事情。此外，迅速冒出的名誉是一个令人怀疑的信号，也就是说，这一名誉是由大众直接给的。但是，福基翁①知道，大众的赞扬意味着什么。有一次他演说时，突然掌声雷动，他就问旁边的朋友，自己是否无意间说错了什么。出于相反的理由，迟来的名誉，能够持续长久的时间，要是能够持续几个世纪，其代价就是得不到同时代人的赞扬。这是因为，要持续得到别人的赞扬，就必须具有难以达到的非凡之处，而且能看出非凡之处的人，他必须具有非凡的脑袋。但是具有非凡脑袋的人，不是随时都具备，至少要有足够的人数，人们才能听得见他们的声音。而且嫉妒者一直处于警觉状态，想方设法，妄图扼杀他们的声音。与之相反，平庸之才很快得到承认，且庸才可能要比发现者活得长久。这样，虽然庸才在青年时享有盛誉，但到老年时却默默无闻。而成就非凡者却相反，长

---

① 福基翁（前402—前318），古希腊雅典政治家和军事将领。

时间默默无闻，但到了老年却声名显赫。如果这显赫的名声甚至到了逝世后才出现，那么这种人就像让·保罗所说的那样：给垂死者涂圣油，却成了他的洗礼，他也只能等死后以获封的圣徒来自我安慰。因此，马尔曼在《伯利恒之前的希律王》诗中的优美描述是恰如其分的：

> 世上真正伟大的东西，
> 不会马上使人喜欢。
> 被大众崇奉为神的，
> 很快就要离开神坛。

值得注意的是，油画完全直接证实了这一规律。鉴赏家都知道，最伟大的作品不是立即能引人注目的，也不是初次观看就能给人留下难忘印象的，而是经过反复考察之后，印象才会深刻，才会令人难忘。

此外，一部作品能否及时地和正确地得到评价，首先取决于作品的类型，具体地说，就是根据这部作品水平的高低，视理解和评判方面的难易以及读者群的大小而定。最后一个条件，也就是读者群大小，主要由第一个条件决定，也就是作品水平的高低，但部分也取决于这部作品是否大量重印，就像书籍和乐谱那样。根据这两个条件，下面各类人员有望以由快到慢的顺序获得评价：走钢丝演员、马戏团的艺术骑手、芭蕾舞演员、魔术师、演员、歌手、乐器演奏家、作曲家、文学家（作曲家和文学家以其作品是否重印而定）、建筑师、画家、雕塑家、艺术家、哲学家。不用比较，排在末位的无疑是哲学家，因为哲学家的作品给读者带来的不是娱乐，而是教导；同时，要理解这些作品需要广博的知识，并要求读者非下苦功不可。所以，哲学作品的读者比较少，其作者名声的传播不在广泛，而在长久。总而言之，名声的持续与这一名声到来的早晚成反比；因此，将上面的序列倒过来看就可以了。在保持名声方面，文学家和作曲家紧随哲学家之后，因为他们都有可能永久保存自己创作的所有作品。然而，无论如何，在这个领域中，真正的杰作实在是凤毛麟角，而且如果具有很高的价值，甚至有可能完美地译成各种语言。有时，有些哲学家的名声比他们的作品传播得还要长久，例如泰勒斯、恩培多克勒、赫拉克利特、德谟克里特、巴门尼德、伊壁鸠鲁等。

但是，那些实用的，或者能直接获得感官上享受的作品却很容易得到好评。一本实用的糕点制作手册，没有哪个城市会长时间置之不理，更不用等到后世才有人为之打抱不平。

名声突如其来，应该算是虚假的名声，也就是说，这种名声是人为的，是通过不公正的颂扬、好友的吹捧、被贿赂之批评家的操弄、上头的暗示和下面的合谋，以及大众缺乏判断力而得到的。这种虚假的名声就像有人利用气垫在江河中托起一个物体，使之浮在水面。气垫能够支撑物体多久，取决于气垫的充气口是否密封完好。但是气垫里的空气最终会慢慢漏光，于是这个物体也就下沉了。这也是那些不是依靠自身的力量而获得名声的作品不可避免的命运：虚假的颂扬声渐渐消失了，订立的盟约失效了，行家认为他的荣誉名不副实。于是名声消失了，人们开始鄙视他。相反，真正的作品，其名声源于自身的力量，所以，在每个时期都能够重新得到读者的赞赏，就像特别轻的浮体，靠自身就能浮在水面，随着时间的长河向下漂浮。

不论古今，整个文字写作的历史还没有哪个虚假名声的例子，可与黑格尔哲学的虚假名声相比。任何时候，我都未曾见过如此低劣、如此明显的虚假，如此空话连篇、令人作呕的内容，就像那种毫无价值的假哲学，竟然还被无耻地吹捧为世上从未见过的、从未被颂扬过的、至高无上的智慧和庄严。这些丑陋的事情，不必我去说，都已暴露在光天化日之下。但是令人感到奇怪的是，这样伪劣的东西在德国大众那里却取得了巨大的成功，这正是德国人的奇耻大辱。在长达四分之一世纪里，这一无耻谎报的名誉被认为是名副其实的，这只扬扬得意的怪兽在德国学术界出尽风头，不可一世。对于这种蠢事，少数几个反对者在谈到这种卑鄙事情的策划者时，也不敢不怀着深深的敬意，称其是罕见的天才和伟大的思想家。这事将如何结束，不能忽略不说。这个时期将成为这个民族和这个时代永久的耻辱。在今后几个世纪将受到嘲笑和讽刺，正义必将到来！当然，时代或者个人都享有去赞扬伪劣的东西、鄙视优秀的作品的自由，但是，复仇女神最终会惩罚他们，耻辱的钟声必将长鸣。当时，被收买的人举办大合唱，有计划地吹捧这位堕落的哲学家，传播他不可救药的拙劣之作，如果在德国还有一些思想敏感的人，肯定可以从大合唱中嗅出一点气味，这种大合唱绝对不是无见识、不明智，而是有意为之，居心叵测。因为这种颂扬滔滔不绝、无边无际，传遍世界各地，吹捧者口若悬河、毫无条件、毫无节制、毫无保留、不打折扣，直到用尽词语。那些替人摇旗呐喊的人，还不满足于只是唱唱赞歌，还不断地搜集外国做出的正面评价，然后如获至宝似的大肆夸耀。要是有一位名人无意间说了几句称赞的话，或者有反对者把批评的话说得婉转一点，他们就得意扬扬、四处炫耀。只有利益在作怪，受雇的人、出钱的派系和搞阴谋的文学团伙，这些人都是唱赞歌的。相反，另一种赞扬是真诚的，纯粹是出于自己的认知而做出的判断，这性质是完全不同的。在这之前，福伊希特斯莱本美妙地表达过：

人们如何支吾搪塞，

只为了不尊重杰作！

也就是说,真诚的赞扬来得很慢、很迟,来得零零散散,在态度方面不以为意。而且赞语寥寥无几,始终还带有保留,以致接受赞扬者可以这样说:

> 只需嘴唇嚅动,无须发出声来。①

给别人唱赞歌,歌者心里是不愿意的。但是,真正的伟大功绩再也无法隐瞒下去了,于是,便从呆板、粗俗、顽固、心生嫉妒又无可奈何的平庸者手里把鲜花夺回来。就像德国诗人克洛卜施托克在《苏黎世湖》诗中所吟唱的那样,这月桂花环是高贵之人用汗水换来的,又如歌德所说:

> 勇气总有一天会到来,
> 终将战胜冷漠世界的抵抗。

因此,这种赞扬与那种充满心计的阿谀奉承相比,

---

① 《伊利亚特》第22节,第495页。——原注

就像一个久经风雨的、高尚而真诚的恋人与一个收费的街边妓女。如我所说，如果德国人还有一丝敏锐的目光，一定可以看出，黑格尔名誉的光环上就像街边的妓女那样涂抹了厚厚的脂粉。要是德国人目光短浅，那么席勒在《理想》一诗中大声说出的情形就可能作为德国民族的耻辱成为现实：

> 我看见了荣誉这顶神圣的桂冠，
> 在平庸者头上遭受了玷污。

这里选择黑格尔的荣誉作为虚假名声的例子，确实是史无前例的事情，即使在德国也没有相似的例子。所以，我请求公共图书馆把颂扬黑格尔的全部文献，包括这个虚假哲学家及其崇拜者所写的全部文章，都认真仔细地保存好，作为对后代的教育、警戒和谈资之用。同时，也可将此列为这个国家和这个时代的文物。

……需要几代人，甚至几百年之久，才能从上亿人中出现寥寥无几的天才人物，他们有能力区分优秀与低劣、真实与虚假、黄金与黄铜，然后，这些人被称为后代的裁判员。再者,情势对他们有利,因为无能者不可调和的嫉妒沉寂了,卑鄙者充满心计的吹捧沉默了,明智者现在有机会说话了。

与上述人类可悲的情况类似,我们可以看到,在各个时期那些伟大的天才,不管是在文学界,还是在哲学或者艺术领域,都像孤胆英雄,与大部队进行一场殊死的斗争!这是因为大多数人的禀性是那样冷漠、粗野、反常、愚昧和粗暴,他们以各种办法阻碍天才人物产生永久的影响力,并组建一支敌对的人马,最终英雄寡不敌众,败下阵来。每个英雄都是参孙①大力士:强者败于弱者的阴谋诡计和潮水般的敌军;一旦英雄最终失去了忍耐力,就玉石俱焚。或者,英雄就像格列佛到了小人国,最终还是被人多势众的小人制服了。这些个别的英雄无论做出多大的成就,都很难得到大众的承认,只是到了很晚的时候才依靠权威的力量获得赞赏,不过,没多久又轻易地受到排挤,至少有一段时间是这样。这是因为与杰作对立的那些伪劣的、粗俗的、低级趣味的东西总是不断地流入市场,而这些东西更适合大众的口

---

① 《圣经士师记》中的以色列大力士。

味，因此能够占据大部分阵地。而评论家面对大众就只管大声嚷嚷吧，就像哈姆雷特拿着两张画像在他卑劣的母亲面前说道："你长眼睛了吗？你长眼睛了吗？"唉，他们没有长眼睛！当我观察人们在欣赏大师画作，并听到他们发出的喝彩声，我常常会想起那些经过训练的猴子表演的猴戏——它们会做貌似人类的动作，但总会暴露出一些脱离人类真实行为与逻辑的天性，让人明白那些动作是无理性的。

按照上述说法，人们可经常使用这一俗话：一个人"超越他的世纪"。对此，可做这样理解：这个人高于人类，要认识他，就得具备超凡入圣的能力。但是，这种人才极为罕见，不可能在任何时候都存在。所以，在这方面，如果他的运气不是特别好，那么"他在本世纪就不可能被认识"，也就是说，他将长期不获得承认。直到后来，有罕见的人发出声音，也就是具有足够聪明才智的人出现，一部杰作才得以问世。然后，后世的人就会说"这个人高于他的世纪"，而不是"这个人高于人类"。也就是说，人类乐于把自己的错误推给某个世纪。由此可见，谁高于他那个世纪，也将高于任何一个其他世纪,除非在某一个世纪里,有人运气极好,在他创作出杰作的领域里,某些具有公正和天赋的评判员与他同时出生。正如一个美丽的印度神话说的那样,当毗湿奴①化身为英雄时,在同一时间,梵天也降临到世上,并成为吟唱毗湿奴事迹的歌唱家,所以,蚁垤、毗耶娑和迦梨陀娑都是梵天的化身。从这个意义上,我们可以这样说,每一部不朽的作品都在考验其所处的时代是否能够识别真正的杰作。在大多数情况下,这些时代都经不起考验,就像费莱蒙和鲍西丝②和包吉斯的邻居因识别不出这些神灵而将其赶出门外。因此,衡量一个时代思想水平的正确标准,不是看这个时代有没有出现伟大的思想家,因为这些思想家的能力是大自然的产物,其能力能够得以发挥也是偶然发生的。其实,衡量的标准在于,同时代的人怎么看待这些思想家的作品,也就是说,这些杰作是否很快受到大众高度的赞赏,或者这些赞赏是否姗姗来迟,或者这些赞赏是否要留给后代做决定。特别是博大精深的作品,更要遵循这个评判

---

① 印度之佛名。
② 古罗马诗人奥维德所著《变形记》中的一对老夫妇。镇上唯有他们接待了乔装成乞丐的宙斯和赫尔墨斯。

的标准。因为毕竟只有极少数人能够接触伟大思想家工作的领域,所以上述提到的好运就很难出现。关于名声方面,文学家占有很大的优势,因为大家几乎都在看小说。如果把沃尔特·司各特的作品分给一百人阅读和评价,也许随便一部拙劣的作品比起司各特的作品更受大众的喜欢。但是,后来事情得到了澄清,司各特也获得了名誉,人们赞扬他"高于他的世纪"。但是,如果这一百人以整个世纪的名义对作品做出评价,而他们又是一群无能、无信用、心生嫉妒和利令智昏的人,那么,这部作品的命运将是悲惨的,就像一个诉讼人在等待判决的结果,殊不知法官已被收买。

与此相似,文学史自始至终地显示出,那些写作以思想和认识为目的的人,就被低估,被人嫌弃,而以假象炫耀自己的人却被同时代的人赞赏,此外,还有金钱上的收入。

一个作者要富有影响力,首要条件是要获得名誉,人们慕名而读其书。但是许多平庸的作者通过耍手腕,通过偶然的因素以及和读者套近乎,从而很快获得名声,而真正有才能的作者却迟迟无法得到名誉。也就是说，前者有很多朋友，因为物以类聚，品行不端的人总是在一起；而后者只有敌人，因为优越的智力在这世界上处处时时都受到憎恨，尤其在同一学科中想有所成就的庸人更是如此。如果哲学教授们认为，我说的有点含沙射影，暗指他们这三十多年来对我的作品所采用的某种手段，那他们就猜对了。

现实情况就是这样，因此，要想做出伟大的成绩，创造出享誉今生后世的东西，主要的条件就是，认为同时代人及其意见、观点和由此产生的谴责与赞扬，都是毫无价值的。这个条件总是自动形成，只要其他人聚在一起，但这却是幸运的事情，因为一个人在创作伟大作品时，他如果要考虑到大家的意见，或者同行的判断，而在他迈出每一步时，他们就有可能把他引入歧途。所以，谁要想留名于后代，就要摆脱他那个时代的影响。这样，在大多数情况下，他就只能放弃对他那个时代发挥影响力，并做好准备，以牺牲同时代人的赞扬，换取后世的声誉。

任何一个崭新的、似非而是的基本真理出现时，人们总是顽固而尽可能长久地抗拒它，当有人开始动摇，几乎已证实这一真理时，也还有人要否定它。在这同时，这个基本真理悄悄地产生了影响，如同强酸般起到腐蚀作用，把一切都销蚀干净：然后，有时可听见铁锈裂开的声音。旧的谬误如同古屋轰然倒塌了，一座崭新的思想大厦突然屹立在那里，就像是揭幕的纪念碑，人人钦佩，个个赞赏！当然，这一切都是姗姗来迟。因为，在一般情况下，值得人们赞扬的人已不在人世了，他离世之后，掌声才响起来。

相比之下，普通作者的作品可期待更好的运气。这些作品产生于同时代整体文化的发展过程和相互关联中，所以，与时代的精神，也就是与当时流行的观点相结合，并且服务于眼前的利益。因此，这些作品只要有一点成绩，很快就会获得承认，而且这些作品迎合了当时文化的潮流，很快就赢得大家的兴趣。于是，这些作品就会得到公正的评价，这种评价甚至经常誉过其实。但是，嫉妒者在这些作品中也抓不到什么把柄，因为，如我所说："每个人只会赞赏自己可期望做出的成绩。"但是，那些出类拔萃的作品，绝对是属于全人类的，肯定将流芳后世，当这些杰作问世时，就已经远远地处于领先地位。因此,这些杰作对于同时代的文化和精神是陌生的,又可以说,这些杰作不属于同时代的文化和精神,与其格格不入,因此,同时代人对此不感兴趣。这些杰作属于不同的、更高级的文化阶段,属于一个还比较遥远的时期。它们的进展轨道与其他作品的进展轨道相比,就像天王星的运行轨道与水星的运行轨道相比。所以,这些杰作暂时不可能获得公正的评价,因为人们根本就不知道应该怎样去评价它们。因此,只好让这些杰作孤独地像蜗牛般缓慢蠕动。地上的蠕虫确实看不见天上的飞鸟。

用同一种语言创作的十万部作品中,算得上有特点的、具有永久性价值的作品大概只有一部。而这一部作品远离那九万九千九百九十九部,最终赢得了应有的声誉,在这之前,它经历了怎样的命运!这样的杰作是非凡的,出自天才的头脑。因此,这些杰作明显与众不同,这一点迟早会显示出来。

我们不要以为,在某个时候,这种情况会得到改善。虽然人类可怜的本性在每一代都会有所改变,但在所有的时代都是类似的——本性难移。杰出的思想家在有生之年很难出人头地，因为他们与他们的作品遭遇同样的命运，都不被正确地理解。

几百万人中难得有一人可走向不朽之路，而他也是孤单上路，形影相吊。在通往后世的旅途中，所经过的也是令人生畏的无人区，就像利比亚沙漠。见过这个沙漠的人都不曾想到它竟如此荒凉。与此同时，我要向将去这一地区旅行的人提个建议，一定要轻装前进，不然途中要抛弃很多东西。所以，我们要时时想起巴尔塔萨尔·格拉西安的名言："优质的东西，如果浓缩，就成了双倍的优质。"这句名言特别要推荐给全体德国人。

伟大思想家的生涯是短暂的，就像一座大厦坐落在狭窄之处。也就是说，人们看不到这座大厦的规模，因为这座大厦近在咫尺。出于相似的原因，人们也没有发现这位伟大的思想家，但是过了一个世纪，才承认他，怀念他。

人生是短暂的，而人创作的杰作却是永久的，人生与杰作相比，是很不相称的，这类似于母亲的生命是有限的，却生下了长生不死的神祇，例如塞墨勒[①]和

[①] 古希腊神话中的公主，酒神狄俄尼索斯的母亲。

迈亚①，或者类似于忒提丝②和阿喀琉斯③相互对立的关系。这是因为短暂与永久形成的巨大反差。他那短暂的时间，他那受苦受难、不安定的一生很难允许他看到自己不朽的儿子开始迈上光辉的历程，或者，很难允许他看到自己的成就被承认的一天。一个死后才享有盛誉的人，其境况与一个贵族大不相同，贵族生前就享有盛誉。

对于享有声誉者来说，有的生前赢得声誉，有的身后获得名声，两者之间的差别最终只在于，若是生前享有声誉，他的崇敬者在空间上与他分隔；若是身后享有名声，他的崇拜者在时间上与他分隔。因为，一般来说，即使一个人生前享有声誉，他也不曾见过他的崇敬者。也就是说，崇敬者不在近处，总是要保持较远的距离，因为太靠近被崇敬的人，崇敬之情就会像阳光下的黄油那样融化了。因此，即使一个人在生前已获得名声，但是在他周围百分之九十的人也只是根据他的地位和财产而对他表示尊重，其余百分之十的人或许只是听

---
① 古希腊神话中商业之神赫尔墨斯的母亲。
② 古希腊之海洋女神，阿喀琉斯的母亲。
③ 古希腊神话中的英雄。

到从远处传来的信息而隐隐约约地感觉到这个人具有什么突出的成就。关于这种崇敬与被崇敬者之现状的不一致,这种声誉与现实生活的不一致,彼特拉克在用拉丁文写的一封信中做了美妙的说明。那是1492年威尼斯版《书信集》的第二封,收信者为托马斯·梅萨南希斯。彼特拉克在信中说,在他那个时代所有学者的行为准则是,作者只要跟读者见上一面,这些读者就会轻视他创作的作品。因此,那些大名鼎鼎的人,要得到人们的承认和崇敬,就得在空间上和时间上与读者保持较远的距离。当然,他们有时候可以知道生前的名声,但却永远不会知道身后的名声,具有真正伟大功绩的人也许可以预估到身后的名声。的确,一个人要是创造了一种真正伟大的思想,那么,在萌发这一思想时,他就意识到自己与后代的关系了,也就是说,他已感觉到自己的存在将延续几个世纪,以此方式活在后代中。而如果我们研究过一位伟大思想家的作品,对其作品深表赞赏,并盼望见到这位思想家,与他座谈,这种愿望也不是单方面的,因为这位思想家也渴望能获得后世的承认和赞扬,期望后世把名誉、谢意和喜爱献给他,而与他同时代的嫉妒者却拒绝把这些荣誉和深情送给他。

如果最高级的思想作品通常要由后世的评审员做出评价后才能赢得赞赏，那么某些甚嚣尘上的谬误却有相反的命运。这些谬误是由很有天赋的人提出的，似乎很有道理。人们渊博的知识和深刻的理解为其辩护，使其在同时代人中获得了名誉和声望，只要谬误的制造者还在世，就能保存其名誉和声望。这些谬误包括一些错误的理论、错误的批评，也有一些以错误的审美观和风格而创作的文学和艺术作品。这些错误的审美能力和风格是由时代的偏见造成的。所有这些东西能发挥作用，取得威望，是因为还没有人懂得去揭穿和驳斥其错误之处。通常在下一代人中就将出现能洞察一切的能人，然后，那光辉的景象就消失了。只有在个别的情况下，曾经的辉煌还维持了一段时间，就像牛顿的色彩理论，现在仍然保持当时的声誉。同样的情况还有古希腊天文学家托勒密的宇宙体系理论、施塔尔的化学理论、弗雷德里克·沃尔夫对荷马本人及其身份的否认，也许还有尼布尔对罗马帝国史的批评等。因此，不管当世的评审是有利还是不利，后世审判庭都会对当世的评审做出公正的裁判。所以，能够同时满足当世和后世的要求是很困难的，也是很罕见的。

我们应该牢记时间在纠正认识和判决方面必然发挥的作用。因此，我们能够镇静地看待，在艺术界、科学界和现实生活中出现严重的谬误，并且流传开来，或者某些错误的、颠倒是非的事情和行为造成影响，而人们对此都表示赞赏。对此，我们不用紧张，也不用气馁，我们应该思考一下，他们必将迷途知返，只是需要时间和经验，然后就会根据自己的方法认识到明眼人一眼就能看清的问题。如果真理出自事实，我们不用马上开口为真理辩护。时间是最佳辩手。当然，需要多少时间取决于问题的难度和谬误以假乱真的程度。但是，假象终究要被揭穿，在许多情况下，试图提早揭穿假象是徒劳的。在最坏的情况下，最终不管在理论上还是在实际中，这些假象由于取得了良好的结果而更加毫无顾忌、肆意妄为，直到真相大白，才无可奈何花落去。也就是说，在理论方面，荒谬的东西由于蠢人盲目自信闹得满城风雨，最后原形毕露，连傻瓜也能看出那是谬论。所以，人们应该对这种人说："疯狂吧，越疯狂越好！"

回顾一下那些人吧,曾经胡说八道,趾高气扬,后来销声匿迹,我们于是更加坚定了信心。在艺术风格、语法和正字法方面都有这种错误,不过,这类错误也只能持续三四年。至于更严重的一些错误,我们也只能感慨人生苦短了。但是当看到这类错误趋于穷途末路时,我们只好眼望未来。因为一个人不想与时代俱进只有两种选择:或者落后于当世,或者超然于当世。

论面相

人的外表形象地反映了其内心，人的容貌表现和揭示了他的整个性格特征。为了证实这一看法是先验的、可靠的，可以看看下面的事实：对于那些出了名的大善大恶之人或者事业非凡之人，人们总是怀着浓厚的兴趣要目睹其人；或者，如果没有机会见到此人，至少也要从别人那里打听，他的外貌怎样。因此，一方面，人们一打探到这类人物在哪里，就蜂拥而至，一睹其真容；另一方面，报纸，尤其是英国的报纸，更是极力详尽地描述那些名人，接着那些画家和雕刻家也把他们的想象栩栩如生地展现出来，最后摄影术最完美地满足了人们的需要。同样，在日常生活中，对遇到的人，也会观察其面相，试图以外貌特征判断他们的道德和才智。如果像某些愚蠢的人所臆测的那样，灵魂和肉体是全然不同的两回事，两者的关系就像一个人与他穿着的衣服的关系一样，那么，照他们的说法，外貌于观相是毫无意义的。

更确切地说，人的相貌有如象形文字，的确是可以破译读懂的，而且，这些象形文字的构件表已印在脑海里。通常，人的相貌甚至比嘴巴还能说出更多、更有趣的事情，因为一个人的相貌概括了嘴巴要说的话，并透露出这个人的思想和行为。而且，一个人的嘴巴仅能说出他的思想，但相貌却能表现出自然的思想。所以，虽然不是每个人都值得我们与之交谈，但是都值得我们认真去观察。如果个体作为自然的单个思想而值得观察的话，那么，美则是最高的等级，因为美是一个更高级的、更普遍的自然概念，是一种自然的思想。所以，美能强烈地吸引住我们的目光。美是自然的基本思想、主要思想，而个体只是次要思想，只是附属而已。

每个人都默认这一原则：人可貌相，貌如其人。这个原则是对的，但是困难在于应用。相人的能力部分来自天赋，部分来自经验。但是，就经验而言，那是学无止境的，甚至观相高人也有看走眼的时候。但是，不管搬弄是非者怎么说，一个人的相貌是不会骗人的，我们以为看到了一些在相貌中原本不存在的东西，其实错在观相者本人。

当然，解读相貌是一门高超而艰难的艺术。观相术原理绝不可能在抽象中习得，要准确观相，首要的条件就是，要用纯粹客观的眼光去看一个人的面相，这是很不容易的事情。也就是说，只要掺杂一点点厌恶、偏爱、恐惧、期待的情绪，或者我们给观相对象造成某种印象，简单地说，就是混杂进轻微的主观色彩，都会使脸上的象形文字变得混乱，变得真假难分。一个人听不懂一种语言，才会听清这种语言的发音，因为只要注意语言的含义，就不会留意符号本身。同样，你如果要观察一个人的相貌，那他必须是陌生人，也就是说，与他很少见面，或者与他很少交谈，也不熟悉其容貌的人，这样才会看清他的面相。严格地说，只有在第一眼看到观相对象时，才会留下对其容貌的纯粹客观之印象，由此才可能解读出他的性格特征。正如气味只有在刚闻到时才会刺激到我们，葡萄酒也只有在喝第一杯时才能真正品尝出它的味道，同样，只有初次相见，相貌才能给人留下深刻的印象。所以，对第一印象要特别重视，应该记住它。如果观相者对自己的观相术很有信心，而且又觉得被观察的对象对我们很重要，那么我们就要把这种印象写下来。随后的相识和来往，会使第一印象变得模糊不清，但以后的结果，会证实第一印象是否正确。

在这同时，我们也不想隐瞒这一事实：第一印象通常是令人不愉快的。大部分人的相貌是平庸的！只有极少数人的相貌看上去是清秀的、善良的、聪明的。我相信，凡是感觉敏锐的人，每当他看到一张新的面孔时，都会产生一种近乎惊愕的感觉，因为看到这张面孔透露出一种新的、令人吃惊的混杂的表情，让人感到很不愉快。说实在的，很多人的表情都是忧郁的。甚至还有一些人，脸上流露出一种幼稚的、低级庸俗的、卑劣的意识，其智力近于动物一般。我们感到惊讶的是，他们都长成这副模样了，怎么还想外出？怎么不戴上一副面具呢？是的，有些面孔只要看上一眼，就会觉得受到了污染。所以，那些享有优越条件的人，如果他们要过退隐的生活，以免见到陌生面孔后产生痛苦感觉，对此，我们也不要责怪他们。

形而上学对这种情况的解释是这样的：每个人的个性是在他的生存期间不断得到修正和重塑的。但是，如果我们满足于心理学上的解释，那么就得反躬自问：在漫长的一生中，那些人心中充满着渺小、低级、狭窄的思想，并满怀平庸、利己、嫉妒、卑鄙和阴险的欲望，又没有什么高尚的追求，我们还能期待他们有什么样的相貌呢？一个人的心中充满着这些思想和欲望，在他生存的岁月里，都会在他的容貌上留下痕迹。所有这些痕迹，由于不断地反复出现，随着时光的流逝，就会在脸上刻下明显的纹路。所以，大多数人第一次相见，会顿生惊讶之感，但相处日久，便渐渐熟悉对方的面孔，也就是说，初次见面时留下的印象逐渐淡化，以至于忘记。

聪明智慧的面部表情是漫长岁月沉淀的结果，是面部经过无数次短暂的、独特的张弛而逐渐形成的，有的甚至要到了老年时才能显露那种高贵的表情，而这些人年轻时的肖像也只是稍微表露出一丝高贵的迹象。我刚才说到，初次见面会产生惊愕的感觉，这与上述观点互相吻合，即只有第一眼见到对方的面孔时才能留下真实的、完整的印象。所以，为了获得纯粹客观的、逼真的印象，就不能与被观察者产生任何关联，可能的话，尽量不与对方交谈。因为每次交谈都会在一定程度上使双方产生亲切感，一旦有了融洽的气氛，就会带上主观的色彩，从而影响客观的观察。再者，一般人都想尽力赢得别人的尊重和好感，所以，一旦发现被我们观察，就会马上施展各种娴熟的伪装术，做出各种表情来恭维我们，收买人心，这样我们第一眼看到的印象就会逐渐淡忘。因此，有种说法叫"愈熟悉，就愈能赢得我们好感"，应该改为"愈熟悉，就愈容易被骗"。但是，到了后来，这种人的恶劣行径暴露无遗，我们第一眼的判断得到了证实，他们只落得受人讥讽的下场。反之，如果"愈熟悉"之人一开始就产生敌意，那么对方就无法赢得我们任何的好感。所谓"愈熟悉，就愈能赢得我们好感"的另一个原因是初次相见时，会引起我们的警惕，只要我们一和他交谈，他的性格、教养，甚至本性，以至于凡人均有的东西都会透露出来。他所说的话中有四分之三不属于他自己，而是外来的。所以，我们听到弥诺陶洛斯①这种怪物说人话时就会十分惊奇。但是，如果我们对熟悉的人再做深入的了解，那么他脸上的"兽性"就会更加明显地表现出来。因此，谁要是对观相具有敏锐的目光，他的判断就必须在相识之前，初识的判断是真实可信的，因为一个人的容貌会透露出他的本质，如果其容貌欺骗了我们，那不是容貌的错，而是观相人的错。一个人的言语，只是说出了他所想的东西，常常说的只是他学来的东西，或者，甚至只是他假装思考的东西。此外，我们与他谈话时，或者，听他与别人谈话时，我们没有注意到他真实的相貌，忽视了本质的东西，只注意他说话时的表情和动作，这些都是他有意而为之的，向人展现出良好的一面。

有个青年经介绍来到苏格拉底面前，请苏格拉底测试一下他的能力。苏格拉底说："你说吧，我要看看你。"他说"看"，而不说"听"，是很有道理的。因为一个人只有在说话时，他脸上的表情，尤其是眼睛才会变得生动起来，而精神素养和能力都会在容貌上显露

---

① 弥诺陶洛斯：古希腊神话中人身牛首的怪物。

出来。我们可以据此暂时评价此人的智力和能力，这正是苏格拉底的目的。但是，有两点要引起注意：第一，苏格拉底这个办法不适用于道德品质，因为道德品质潜藏于心灵深处；第二，人在说话时，脸上就会显露出表情，轻微地吸引着我们，与我们产生了个人的关系，从而带来了主观的看法，无法采取不偏不倚的态度，正如前面所说的那样。从这个观点来看，这样说也许更准确些："不要说话，我要看看你。"

为了纯正而深刻地看清一个人真实的面相，必须在他独处时、放松时加以观察。一个人只要与别人交谈和参加社交，他的脸上就有所反映，动作就会活跃起来，并因此情绪高涨。反之，当他独自一人、自由自在时，就会沉浸在自己的思想和感情中，只有这时他才会现出真正的自我。这时，目光锐利的观相人大概就可以一下子看清此人的整个性格特征。因为他所有思想和行为的基调、他不可改变的意旨以及他独处时所具有的意识，都会在他的脸上留下印记。

观相术是认识人的一种主要工具，从狭义而言，相貌是一个人唯一无法施展骗术的地方，因为面部表情是无法掩饰的。所以，我建议，观相要选择被观察者独处时、沉浸于自我时、尚未与他交谈时，去观察他。其理由在于，只有在这个时候，被观察者的面相才是最纯净的；因为一经交谈，就会掺入感情因素，同时他开始使用其熟悉的骗术。另一个理由是，个体之间，哪怕双方接触极其短暂，也会产生偏见，于是主观色彩就会影响我们的判断。

还有一点我要说明，在观相术中，一个人的智力要比道德、性格易于了解。也就是说，人的智力更多地流露在外。智力不仅从人的脸上、表情上可以看出，而且在步履上，甚至在任何细微的动作上都会显露出来。或许从背影就可以分辨出此人是笨人，是傻瓜，还是聪明人。笨人，举手投足动作笨重；傻瓜，表情痴呆，动作迟钝；聪明人，才思横溢，思维敏捷。法国作家拉布吕耶尔说："我们的举止，不管多么细微，多么简单，多么隐晦，都会显示出我们的本性。一个愚笨的人，无论是进出、坐立，还是沉默、站立，都与聪明人截然不同。"法国哲学家爱尔维修认为，常人具有识别天才和逃避天才的本能。其主要原因在于，大脑越大越发达，脊髓和神经与大脑相比越细小，智力就越高，四肢就越灵活，因为四肢是直接受大脑支配的。由于所有活动由中枢神经系统操作，所以，在肢体的每个活动中，活动的目的都能准确地表现出来。与此类似的还有，根据动物进化理论，越是高等的动物，就越容易因身上某处受伤而致命。例如无尾目，它们动作笨重、迟钝，同时愚拙，但都有顽强的生命力，其原因在于，它们的大脑小，而脊髓和神经粗大。总的来说，步行和手臂活动主要受大脑支配，因为四肢是由大脑发出指令，通过脊髓神经传感而活动的，即使是最细微的活动也是如此。这也就是意识活动会使我们疲劳的原因，这种疲劳和疼痛一样，源于大脑，而不在于肢体，所以，疲劳会促使睡眠。而那些不是由大脑引起的活动，比如有机体、心脏等就是持续活动也不会产生疲劳感，因为它们是无意识活动。大脑管控思维，也指挥肢体活动，所以，大脑活动的特性决定个人行为的特性。愚笨的人，他的活动像木偶一样；而聪明的人，他的每个关节都灵活自如。一个人的相貌比姿态和动作更能看出他的才智。看相貌，要从额头的形状及其大小、脸部肌肉的紧张和变化，尤其要从眼睛去辨认。看眼睛，有的人眼如猪眼，小而浑浊，暗淡无光，而天才的眼睛炯炯有神，闪闪发光。还有一种叫作聪明人的目光，哪怕是最敏锐的，也还是与天才的目光有区别，前者是为意志服务的，而后者则脱离了意志。

所以，斯克扎菲克在《彼特拉克传》中记载的一则逸事，是完全可信的。事情是这样的：有一次在维斯康丁宫廷里，诗人彼特拉克和一些贵族在一起。G.维斯康丁问他的儿子，这里谁最聪明。他的儿子当时还是少年，后来成了米兰第一公爵。男孩环视一下周围，然后握着彼特拉克的手，把他带到父亲跟前，所有在场的人对此大为惊叹。莫非大自然已在人类的杰出者脸上打上了清晰而高贵的印记，连小孩也能一目了然？所以，我要劝告有洞察力的国人，如果他们想吹嘘某个平庸的人三十年后便是一个伟大的思想家，那么就不要选择长得像啤酒店老板模样的人，就像黑格尔那样，在他的脸上，大自然清晰地写下："平庸。"

但人的道德品质与人的智慧是不一样的。要从面相上辨别道德品质难度很大，因为它作为形而上学的东西，要比人的智慧深邃很多。虽然道德品质与身体有点关联，但是不像智慧那样，与身体的某个部分或系统有着直接的联系。此外，每个人都会找机会表现自己的智慧，却很少暴露自己的道德品质，绝大部分人甚至故意掩饰自己的道德品质，而且经过长时间的实践，这种掩饰的技巧越发高明。同时，如上所说，卑劣的思想和卑劣的行为会逐渐地在人的脸上，尤其在眼睛里留下痕迹。所以，从观相上判断，我们很容易断定某人绝对不会创作出一部不朽的著作，却不敢说此人永远不会犯下重大罪行。

论噪声

康德曾写过一篇关于活力的论文,但我却想写一篇关于活力的哀歌,因为活力旺盛,人们经常使用敲打、猛击和撞击等方式发出噪声,使我一生中每一天都要遭受折磨。然而,有不少人对此感到好笑,因为他们对噪声没有什么感觉。这些人同样对论证、思想、诗歌和艺术也没有感觉,总之,他们对各种精神印象都毫无感觉。这是因为他们的头脑质地过于黏稠,过于结实。与此相反,几乎所有伟大的作家,例如康德、歌德、利希滕贝格、约翰·保罗等,在他们的传记和著述中,都发现他们控诉噪声给思想者造成的痛苦。即使有些作家在文中没有发出抱怨的声音,那也是因为文章上下文的关系，笔触无法引到这话题上去。对此我是这样认为的：比如，把一块大钻石切成几个小块，那么，这些小块钻石的总价是无法与原来的大钻石的价值相比的；或者，比如一支军队被冲散了，分成若干小分队，那就发挥不了什么作用。同样，一个伟大的思想家，其工作若被打断、被破坏，其注意力被分散、被转移，那他所能做的和普通人也就没什么差异了。伟大思想家的优势在于，如同所有的光线都集聚在凹面镜上一样，他把全部精力集中在某一个点上、某一个对象上，而噪声的发生正好打断了他的思维。所以，卓越的思想家总是非常厌恶扰乱、中断和打岔，尤其是由噪声引起的那种暴力般的打断，而普通人对此并不特别反感。欧洲最聪敏、最机智的国家甚至定下了一条规定——"永远不得打扰"，并把这一规定列为第十一诫。制造噪声是所有打扰中最鲁莽、最无礼的行为，因为它打断了我们的思维。当然，如果你没有什么被打扰，那么，对噪声就不会有什么特别的感觉。有时候，我的思维变得越来越困难，其实是一种低沉而不绝的噪声已经折磨了我好一阵子，只是我对这个噪声还没有清晰地意识到，就像脚下感觉到绊脚的东西，然后才知道那是什么。

以上说的是噪声的概略，现在要说点特殊的。在城市可发出回声的巷子里，恶魔般的马鞭声是最可恨、最可耻的噪声，令我深恶痛绝。它扰乱了人们宁静的生活和安静的思考。允许发出噼噼啪啪的马鞭声，足以证明人们感觉迟钝，思想贫乏。这种突如其来的、刺耳的、麻痹头脑的、扰乱意识和扼杀思想的尖锐响声，对于任何在思考的人来说，都是苦不堪言的。这种响声破坏了很多人的思想活动，即使这种活动是比较简单的。这种响声如果袭击了思想家，就像利剑刺在他的身上，给他造成极大的伤害和痛苦。没有什么声音像这可恶的马鞭声那样锐利地斩断我们的思路，严重地干扰了大脑的活动，就像含羞草受到触碰时所产生的反应那样，会持续好一会儿。尽管我很尊重从事神圣的公益工作的人，但是我却不理解，为何一个搬运工运输一车砂石或肥料，在通过市区的半个小时的路程中，却享有这一特权，可以把成千上万人脑海里冒出的思想扼杀在萌芽中。锤子的敲打声、狗吠声和小孩子的吵闹声是令人厌烦的，但是真正扼杀思想的只有马鞭声。这噪声的使命就是打碎每个人随时随地都有的安静而幽思的时刻。要是驱赶役畜时，没有别的办法，只能使用鞭子，而制造了令人讨厌的噪声，这也是情有可原的。但是事实正相反，这可恶的马鞭声不但没有必要，而且也毫无用处。本来是想通过抽鞭子给马一种心理作用，但是不断地滥用之后，马反而习以为常，而且变得迟钝了，步伐也缓慢了。特别是招揽乘客的空载马车，它十分缓慢地行驶着，而车夫却不停地挥动着马鞭，发出噼噼啪啪的声响，马儿依然如故，马鞭声不起作用。但是用鞭子轻轻地触碰一下它，反而效果更好。即使有必要用马鞭声让马儿经常记住马鞭的存在，那么比马鞭声轻一百倍的声音就足够了。很多人都知道，动物不管是在听觉上还是视觉上都非常灵敏，哪怕极其轻微的、几乎觉察不到的信号都会注意到。对此，受过训练的狗和金丝雀就能给出让人惊讶的例子。所以，马鞭声这件事纯粹是恶作剧，就是社会中体力劳动者对脑力劳动者的大胆嘲弄。要忍受都市里发生的这种无耻的行径，那是粗暴野蛮的、不公正的，更何况这种行径是不难制止的，只要警察发布一项命令就可以了。体力劳动者总是很畏惧脑力劳动的，让他们顾及一下上层阶级的脑力劳动，对他们也不会造成什么伤害。但是，如果有个家伙驾着空载的马车，行驶在人口稠密的都市的窄巷里，或者行走在马儿的旁边，还拼命不停地抽打着马鞭，那时就应该把他拉下来，狠狠地打他五个板子。就是世界上所有的博爱主义者，以及有充分理由废除体罚的立法团，都无法劝说我改变主意。还有比这更甚者：我们经常看到一个马车夫，没有马匹随行，独自走在大街上，都不停地抽打着马鞭，因为抽马鞭已成了他的习惯，这就是人们对此不负责地过分宽容造成的恶果。对体力劳动者及其作为都能温和对待，但是对待思考的头脑却没有丝毫保护，更谈不上尊重，这合适吗？马车夫、搬运工和打零工的人，都是人类社会中的苦力，绝对应该人道地、正义地、公平地、宽容地对待他们。但是，无论如何也不能允许他们随意制造噪声，干扰别人追求更高的志向。我真想知道，有多少伟大和美好的思想被这马鞭声打得粉碎！假如我要发布命令，就要让马车夫记住，抽鞭子和挨鞭子之间的紧密关系。我们希望，更有智慧的、更高尚的国家在这方面先做个榜样，然后德国人也可仿效。对此，托马斯·胡德说："在我所遇见的富有音乐天赋的民族中，德国人是最喧哗的。"德国人之所以是最喧哗的，并非因为他们比别人更喜欢噪声，而是因为他们听惯了噪声，变得麻木了。他们不会因为噪声而干扰他们的思考或阅读，他们压根儿就不是在思考，而是在抽烟，抽烟是思考的替代品。对于有意或无意造成的噪声，人们普遍采取宽容的态度，例如进出门时重重地摔门，这是缺乏教养的粗鲁行为，这正是脑子迟钝和思想空虚的表现。在德国，没有人介意噪声，似乎噪声是很正常的事，比如随意地打鼓。

最后，与我在这章节中谈论的话题有关的文学作品中，我可推荐一个优美的作品，也就是三行诗节的书信体诗文《论谣言，致卢卡·马提尼先生》，作者是布隆齐诺，他是著名的画家。这篇诗文以悲喜剧的形式，详细而幽默地描写了在一个意大利城市里形形色色的噪声给人们带来的痛苦。此文可见于1771年在乌得勒支出版的《贝尔尼、阿雷蒂诺等滑稽文选》（第2卷，第258页）。

历史是寓言式的

心理散论

一

每种动物，尤其是人，为了能够在这个世界上生存和发展，在意志和理智之间需要某种合理和均衡。一个人越是顺应大自然，他就越能轻松、安全、舒适地欢度一生。假如意志和理智大体接近，他就免于被毁灭。所以，在所说的均衡和正确的界限之内，有着一定的范围。这方面正确的标准如下。理智的使命就是给意志照亮和指引前行的道路，所以，意志的内在力量越强烈、越剧烈，那么与意志相关联的理智就必须越完美、越清醒。因此，强烈的欲望和追求、炽热的激情、激烈的情感才不会把人们引入歧途，或者驱使人们不加考虑地去做些错误的甚至毁灭性的事情。如果意志很强烈，而理智又很薄弱，那么什么事都可能发生。一个性格冷漠的人，也就是说，一个意志薄弱、呆滞的人，他只需要少量的理智就可以生存下去。一个稳健、有节制的人只需要适度的理智就可以了。

总的来说，意志和理智之间不成比例，也就是说，意志强于理智，或者理智强于意志，都会给人带来不幸。尤其是理智的力量达到超常的强盛，与意志完全不成比例时，虽然这是天才的本质条件，但这对于生命的需求和人生的目标来说不仅是多余的，也是完全有害的。

特别是一个人在青年时期，在理解客观世界时，精力过剩，想象力丰富，但又缺乏经验，因此容易产生一些偏激的念头和虚幻的东西，结果使性格变得古怪、偏执、想入非非。随着岁月的流逝，当他经历了各种经验教训之后，脑子里虚幻的东西就会减少，直至消失，但天才对于平凡的世界和平淡的生活却永远感到不习惯，不会像那些具有正常理智的人那样，随和地融入普通的生活，而只会常常犯些奇怪的错误。因为普通人充分理解自己狭窄范围内的观念和见解，而无人在这个领域比他理解得更好，他的智力总是忠于他最初的目标，即始终为意志服务，为了达到这个目的，从来不做过分的举动。但是，从根本上来说，天才是一个理智鼎盛的怪物，而恰恰相反，一个激烈、冲动又无理解力、没有头脑的野蛮人，则是缺乏理智的怪物。

二

生存意志是一切生物的核心，这在最高级的，即最聪明的动物身上表现得最为明显，因此，我们可以从本质上清楚地考察动物的生存意志。因为在低等动物身上，意志就没有那么明显地表现出来，其目标也是很低的。但在高等动物身上，特别是到了人类的级别，就具有理智，伴随理智就产生了慎思，因慎思而有了伪装的能力，然后就给人披上了一层面纱。所以，人在激情爆发时，意志才会未加掩饰地表露出来。因此，每当激情流露时，不管是什么样的激情，总能赢得人们的信任，这是理所当然的。出于同样的原因，激情成了作家的主题和演员的好戏。我们对狗、猴、猫等动物的喜爱，是因为它们完全天真的表演给我们带来许多乐趣。

看到那些自由自在的动物随意地各行其是，或觅食，或照料幼崽，或与其同类交往，它们这种顺从本性、无拘无束的生活，这是一种多么奇妙的乐趣啊！我会长时间兴致勃勃地观看一只小鸟，哪怕只是一只水獭、一只青蛙，或者刺猬、黄鳝、狍子和鹿。观看这些动物能给我们带来愉快，主要是因为我们乐于看到，要是我们的本性也这样单纯就好了。

世界上只有一种生物会撒谎，那就是人。其余所有的动物都是正直的、真诚的，它们从未掩饰自己，而是坦率地表露自己的情感。

三

精神恐惧会造成心悸，而心悸会引起精神恐惧。悲伤、忧虑和心绪不宁，会阻碍和损害生命的进程和机体的功能，这些问题可表现在血液循环、消化和排泄方面。相反，要是心脏、肠胃、血管、储精囊等组织，由于身体原因受到抑制和扰乱，那么就会产生心神不安、忧虑重重、闷闷不乐和莫名其妙的忧伤，这种状态人们称之为臆想病。此外还有，愤怒使人叫喊、跺脚和做出强烈的手势。但是，这些身体上的表现会进一步加剧愤怒，哪怕一些小事也会使他发火。

我用不着多说，所有这些都证明了我的理论：意志和身体是一致的。按照这个理论，身体只是在头脑的立体感的视觉中呈现出来的意志。

四

人们做的许多事情，以为是出于习惯，其实是出于天生的恒定不变的本性。因此，在相似的情况下，我们总是做同样的事，所以，做这样的事不管是初次还是一百次，都是出于相同的必然性。

而真正的习惯势力实际上是源于人的惰性。这种惰性不想让理智和意志做出新的选择，以避免带来麻烦、困难，甚至危险。所以，惰性总让我们今天做昨天做过的、重复过成百次的事情，我们也知道这事总能做成。

但是，这种习惯势力的真实性却蕴藏得很深，因为上述说到的习惯势力只是初次印象，还要从真正的意义上去理解。也就是说，通过机械原因而运动的物体要靠惯性的力量，但通过动机而运动的物体则要靠习惯的力量。

我们由于习惯而做出的行为，实际上没有具体的动机，因为行动时并没有去思考那些动机。那些成为习惯的行为，刚开始时是有动机的，但发挥作用后就产生了惯性。这种惯性足以使行为继续下去，如同一个物体被推动之后，不再需要新的推力就能继续运动下去。其实，只要这一运动不受阻碍，就可以永远持续下去。动物的情况也是这样，驯兽就是强制动物养成某种习惯。马无须鞭策也能沉着冷静地拉车前行，这种平静的状态也是当初鞭打产生的效果，根据惯性定律，这些就逐渐地形成了习惯。

所有这些实际上并不只是比喻：这是意志的同一性，反映在意志现实性的不同级别上；根据意志现实性的不同级别，相同的运动规律同样展现出不同的形式。

五

"祝您长寿!"这是西班牙人常用的贺词,祝愿别人长寿也是全世界人常用的问候语。人们说出这样的贺词,可能不是出于对生命的了解,而是出于对人的天性,即生存意志的认知。

每个人都希望,在他死后别人能够怀念他,地位高的人渴望千古留名。在我看来,这似乎是对生命的眷恋。当一个人看到生存的任何可能性都不存在时,还会抱有一线希望,虽然只是想象中的,也就是抓住了一个影子。

六

每一次离别让人觉得好像生离死别,而每一次重逢则让人感到起死回生。因此,就算有些人对别人很冷淡,但过了20年或30年之后,他们在重逢时也会感到很高兴。

七

当我们的敌人或对手死后,甚至过了不久,我们就会对其死亡感到惋惜,就像我们为朋友的逝世而感到悲伤一样,因为我们失去了他们见证我们辉煌成就的机会。

八

有时喜出望外可能轻易使人丧命。这基于获得幸福的程度和发生不幸的程度是否符合我们的承受能力。因此,对于既得的幸福,或者胜利在望的事情,一旦喜讯临门,就不会有异样的感觉。一切乐趣本来只是消极的,只是起到消除痛苦的作用,而痛苦或灾难是具体的、可直接感觉到的。在获得幸福或者看到美好的前景之后,我们的要求也提高了。从而加强了获取更多幸福的能力,同时,对美好的前景也增强了信心。但是,如果经常遭遇不幸,就会使人垂头丧气,要求就会降低。这时,如果突然间喜从天降,心理上就会无力接受。也就是说，由于喜讯突如其来，大大地超出了原来的期望，我们的情感受到了强烈的震撼而崩溃，甚至令人丧命。所以，要宣布重大喜讯时务必小心谨慎，这是众所周知的。首先让人抱有希望，产生美好的想象，然后逐步宣布好消息。人们预感到有好消息来临，这样在心理上留有足够的空间，因此，好消息来时，喜悦的冲击波就会减缓。根据这种情况，我们可以这样说：对于喜讯多多益善，但是一口吃不下去。对于晴天霹雳般的不幸，上述说法并不适用。因为，虽然不幸已降临，但仍然心存一线希望，所以不幸很少会导致丧命。而一个人收到喜讯时，只有高兴，没有恐惧，这是因为人的天性倾向于希望，而不是恐惧，就像我们的眼睛总是朝向光明，而不是黑暗。

九

希望就是渴求某一件事情的发生和可能发生。但是，也许没有人能够摆脱这种愚蠢的心理状态，它使理智无法正确判断这种可能性：一件期待的事情只有千分之一的机会可能发生，却被认为很有可能发生。不过，突然发生的不幸就像致死的一击，而不断萌发的希望，又总是不断破灭，其结果就是慢慢地被折磨致死。

一个人放弃希望，也就没有恐惧，这就是"绝望"。人希望什么，就会相信什么；他相信它，正是因为希望拥有它。如果一个人的命运多次受到沉重的打击，那么，他那种令人舒适的、起到减轻疼痛作用的天性就会泯灭，甚至走向反面，使他相信，他不希望的事情肯定会发生，而他所希望的事情，就因为那是他抱有希望的事情，却永远不会发生。这种情况，就是我们所说的绝望。

十

我们在判断别人时，常常会出错，这不能完全归咎于我们的判断力，而是因为在大多数情况下，正如培根所说的，"理智就像一盏灯，不燃烧油，灯就不会发光。理智若没有意志和激情，就起不了作用"[①]。从一开

---

① 《新工具》，I, 49。——原注

始我们就不知不觉地对一些微不足道的小事采取赞成或反对的态度。另外，经常也有这样的原因，我们不能只看到别人身上已被发现的品质，而是要从这些品质中推断出其他品质。我们认为，有些品质与另外一些品质是紧密相连的，或者是互相排斥的。例如看到某人慷慨，我们就推断其公正，从虔诚推断出诚实，从谎言推断出狡诈，从狡诈推断出偷窃……这样一来就为许多错误的观点敞开了大门，究其原因，部分是人的性格过于奇特，部分是我们的观点过于片面。虽然品质总是内在联系、始终如一的，但是其特性的根源埋藏得太深，使我们无法从个别的品质中推断出，哪些品质在特定的情况下能够共存，哪些却不能。

十一

我们也许会遇到这样的事，在闲谈时，无意中会说出一些可能给我们带来危险的事情，但是，对于那些会使我们显得颟顸可笑的事情却沉默不语，因为在这种情况下，很快会产生效应。

十二

一个没有实现的愿望给人带来的痛苦与一件令人后悔莫及的事情让人感到的痛苦相比是不足道的,因为前者面对的是难以预料的未来,而后者面对的是无可挽回的、既成事实的往事。

十三

德语和拉丁语的"耐性"一词,特别是西班牙语的"耐性"一词,源于"痛苦"一词。因此,耐性是一种消极状态,与精神的积极状态正好相反。

精神的积极状态很活跃,它与耐性很难结合在一起。但是,耐性却是非常有益的、必不可缺的,这意味着这个世界的悲哀。

十四

对人而言,金钱是一种抽象的幸福。所以,谁不能享受到具体的幸福，谁就会一心一意扑在钱财上。

十五

固执、顽固都是因为意志迫使自己强占理智的地位。

十六

闷闷不乐与忧郁的差距很大，从快乐到忧郁的距离，要比从闷闷不乐到忧郁的距离近很多。忧郁约束人，闷闷不乐把人推开。

忧郁症使人不仅对眼前的事情无缘无故地感到烦躁和生气，不仅为未来莫须有的不幸事情毫无根据地感到担忧，还要毫无理由地指责自己过去的行为。

忧郁症的直接后果，就是不断地苦思冥想和寻找使人感到生气和恐惧的事情。其原因就是一种内心病态的不满情绪，通常还有一种出自气质的烦躁情绪。如果这两种情绪达到顶点，就会导致自杀。

十七

以下论述更加详细地解释了我在《附录和补遗》第114节中引用过的尤维纳利斯的诗句:

一点理由就足以激怒我。

愤怒,很快就会产生一种错觉,那就是愤怒的理由被歪曲和夸大了,令人难以置信。此时,这种错觉甚至又加剧了愤怒,随着愤怒的加剧,这种错觉再次被夸大了。

这种相互作用持续发生,直至爆发贺拉斯所说的"短暂的暴怒"。

为了预防暴怒的发生,性子急的人只要一生气,就要试图强令自己暂时把这件事忘掉,因为过一个小时后,再回头看这件事时,就显得不那么严重了,甚至是无关紧要的了。

十八

人会变得冷酷无情,就是因为每个人都要忍受千辛万苦,或者他自己觉得是这样。所以,一种不寻常的幸福状态会使大多数人富于同情心,乐于行善。但是,连续不断的幸福状态常常会产生相反的效果,因为这种状态使他们忘了痛苦,他们也不再富于同情心了。所以,穷人有时比富人更乐于助人。

人也总是喜欢到处张望,打听别人的事情,可见人是好奇的。人生中与痛苦相反的另一极就是无聊,虽然嫉妒在这方面也经常起了作用。

十九

人的幸福状况通常就像一片树林,从远处眺望显得很优美。但是从近处看,或者走进树林里,那种美感便消失了。你看不见美在哪里,你在周围看到的只是树木。我们常常羡慕别人的状况,原因就在这里。

二十

好多人在生活中遇到好事，总是把它归咎于自己常常脸带笑容，因此赢得别人的喜欢。但是，我们还是小心点为好，从哈姆雷特的名句中意识到："一个人满脸堆笑，其实是笑里藏刀。"

二十一

具有优秀和高尚品质的人不会介意承认自己身上的缺点和弱点，或者让别人看到这些问题。他们认为已经为这些缺点和弱点付出了代价，或者认为，这些问题对他们而言并不是耻辱，而是一种正直的表现。尤其是，如果这些缺点正好与他们高尚的品质有内在关系，是必不可少的条件，那么情况就更是这样。这正如乔治·桑所说的："每个人都有自己的美德附带来的缺点。"

相比之下，有些人性格良好，智力也不错，但是却永远不承认自己那些微小的缺点，甚至尽力去掩盖它们，对任何针对这些缺点的暗示也十分敏感。因为他们觉得自己做出了伟大的功绩,毫无瑕疵和不足,所以,他们的毛病一旦暴露出来,他们的功绩就会被贬低。

二十二

对于才智普通的人来说,谦虚是诚实的表现;对于才华杰出的人而言,谦虚却是虚伪的表现。所以,才华杰出者如果坦率地说出自我的感觉,如果对自己非凡的才华毫不掩饰地表现出来,那么,他的言行与才智普通之人表现出来的谦虚同样都是正派的。

对此,瓦莱里乌斯·马克西姆斯[①]在《论自信》一章里提供了很好的例子。

二十三

医生察看人身上的毛病,法学家探察人的劣行,神学家看出人的愚昧。

---
① 古罗马作家。

二十四

人们只是有时在学习,但却是整天都在遗忘。

我们的记忆就像一个筛子,由于不断地使用,随着时间的流逝,筛子上的小孔变得愈来愈大,也就是说,我们的年纪愈大,留在记忆中的东西就流失得愈快。反之,早年留在脑子中的事情则记忆犹新。所以,老年人追忆愈久远的事情就记得愈清楚,而离现在愈近的事情,记忆却愈不清晰。这样,老年人的记忆也就像他的眼睛一样变成远视了。

二十五

记忆有个特点,就是人在微醉时,常常会增强对往日时光和情景的回忆,甚至可能比在清醒状态时的记忆更加完美。而人在有醉意时对自己所说的话和所做的事的记忆,比起清醒时模糊多了。

事实上,人在大醉后是没有记忆的。微醉会增强记忆力,但提供给记忆力的素材却很少。

二十六

在所有的思维活动中,算术是最低的一级。这种说法的论据是,算术是唯一可以通过机器进行运算的思维活动。比如在英国,为了方便计算,人们经常使用计算机。分析有限数和无限数,从根本上来说也是运算。据此,人们称之为"数学的深度思维"。对此说法,利希滕贝格幽默地说:"那些所谓的职业数学家,凭借普通人的幼稚获取深度思维的美誉,这种情况与神学家自以为神圣很相似。"

二十七

一般来说,才智出众的人与才智低下的人更好相处,这是与普通人相比较而言。

出于同样的道理,暴君与暴民、祖父母与孙儿女都是自然的盟友。

二十八

有时候,一件往事似乎无缘无故地突然清晰地出现在我们的脑海里。在很多情况下,可能是我们闻到了一丝轻微的,还没完全进入我们意识的气味,这气味就跟我们当年闻到的一样。众所周知,气味很容易引起人们的回忆,而头脑中想象力只要受到轻微的触动就会浮想联翩。附带一提,眼睛是理解的感官,耳朵是理智的感官,嗅觉是记忆的感官,正如我们在这里见到的。触觉和味道是真实的,与接触相联系,与理念无关。

二十九

一个人在独处时感到无聊,这不奇怪。一个人独处时是不会笑的,要是笑了,人家会觉得你古怪。发笑大概只是给别人的一个信号、一个符号,就像文字一样,缺乏想象力,也缺乏活跃的思想,就像提奥弗拉斯特在《论性格》第27章中所说的那样,"精神麻木、迟钝"。这是一个人独处时不会发笑的原因。动物不管是独处还是群居都不会发笑。

迈森是个厌世之人,有一次独处时在发笑,被一个同样厌世的人看见了,他惊奇地问迈森,刚才一个人待着为何发笑。迈森回答:"这正是我发笑的原因。"

三十

不上剧院看戏,就像一个人梳妆打扮不照镜子。但是,做事不征求别人意见,自己独行独断就更糟糕。一个人对其他各种事情都会有正确的、恰当的判断,唯独对自己个人的事情不是这样,因为在这方面,意志会立即打乱理智的判断。所以,我们应该征求别人的意见,同样的道理,医生可以医治别人,但偏偏无法医治自己,只好请同行帮忙。

对考古的若干考察

一

佩拉斯吉人①的名字毫无疑问与大海这个词是同语源的,来自亚洲零散的、被排挤的、走失了的原始小部族的人,通常都称为佩拉斯吉人。他们最先到了欧洲,在那里很快把自己家乡的文化、传统和宗教忘得一干二净。但是,与家乡相反,这里气候良好、温和,土地肥沃,希腊和小亚细亚有许多海岸,这些都有利于他们生存。从此,他们叫希腊人,在这里得到了一种完全合乎自然的发展,获得了纯粹的人性文化,其完美就像是在

① 古希腊原始居民。

除此之外任何地方都未曾出现过。按照这种文化,他们只有一种半是诙谐的、被认为是小孩式的宗教,严肃的东西都隐藏在神秘剧①和悲剧中。我们十分感谢这个古希腊民族,是它准确地理解且合乎自然地表现了人的形态和神情;是它发现了建筑艺术唯一合乎规则的,并由它永久确定的比例;是它发展了诗歌的真正形式,并发明了优美的韵律;是它遵循人类思维的基本方向而建立了哲学体系;是它阐明了数学的基本原理;是它奠定了理性的立法;是它标准地描绘了真正美好而高尚的人类生存之蓝图。这个民族精选出来的缪斯②和卡里忒斯③可说是美的象征。这种美延伸到许多方面:容貌、形态、姿势、服装、武器、建筑、容器、器具等,并且无论何时何地都要让它们保持美观。所以,当我们远离了古希腊人,尤其在雕塑和建筑艺术方面,我们也就远离了美和审美能力。古代的经典是永远不会过时的。它们永远是我们前进的指路明星,不管是在文学方面还是造型艺术方面,我们永远都不能遗忘。那些狂妄者欲置古代于

---

① 中世纪宗教剧的一种。
② 古希腊神话中司文艺和科学之女神,计有九名。
③ 古希腊神话中的美惠三女神。

不顾，等待他们的是耻辱。所以，当任何一个腐朽的、可悲的、满脑子想着物质的现代人想要逃离古代这所学校，自以为了不起而扬扬自得时，其实已播下了耻辱的种子。

也许古代人的思想特征在于，他们在所有事物中始终追求尽可能接近自然，而新时代人的思想则追求尽可能远离自然。人们只要观察古人和今人的服装、道德、器具、住房、容器、艺术、宗教、生活方式等，就知道差异了。

在另一方面，古希腊人在机械设备和技术水平，以及自然科学各个分支方面都远不如我们，因为科学技术要求更多的时间、耐心、方法和经验等，而不是高级的思想能力。所以，从古人大多数自然科学著作中，我们也学不到什么东西，因为我们不懂的东西他们也不懂。谁想知道古人在物理学和生物学方面无知到什么程度，那就读读亚里士多德①著作《论问题》。那些问题是古人无知的一个范例。虽然那些问题大多数是对的，而且有一部分是很真实的，但是绝大部分解答却是很差劲的，

---

① 古希腊哲学家，被誉为"古代世界的黑格尔"。

因为他解答时总是说"热和冷,干燥和潮湿",而不懂其他的要素。

二

古希腊人如同日耳曼人一样,是从亚洲移民过来的一个部族。他们都是背井离乡,流落他乡,完全靠自己的力量发展起来的。但是,希腊人变成了什么样,而日耳曼人又变成了什么样!我们只要比较一下,例如两个民族的神话,因为古希腊人后来在神话的基础上发明了诗歌和哲学——他们的首批教育家有俄耳甫斯、穆塞乌斯、安菲翁、利努斯和荷马等。随后产生了七个智者,最终涌现了多位哲学家。古希腊人仿佛在他们的学校里读完了三年级,而日耳曼人迁移之前对此根本不可能做到。

在高级文理中学不讲授早期德国文学、尼伯龙根[①]和其他中世纪诗人的作品。这些作品高度引人注目,也值得阅读,但是无助于培养审美能力,而且占用了阅读真

---
① 德国传说中的部族,《尼伯龙根之歌》为德国13世纪之英雄史诗。

正的经典文学的时间。如果你们这些高贵的日耳曼人和德国爱国者，想用早期德国蹩脚诗来代替古希腊和古罗马的经典，那么你们就只能培养出懒汉。将这些尼伯龙根与《伊利亚特》相比，那简直是亵渎，年轻人尤其不要受到不良影响。

三

在斯托拜乌斯①的《田园诗》第一部中，俄耳甫斯的颂歌内容是有关印度的泛神论，经过古希腊人的形象思维增添了轻松的情调。当然，颂歌不是出自俄耳甫斯之手，但却是古代的，因为颂歌中有一节在亚里士多德的伪书《宇宙论》中被引用过。这本伪书最近被认为是克利西波斯写的。无论如何，颂歌中有些东西可能是俄耳甫斯写的；是的，我们认为，可把这一颂歌视为从印度宗教过渡到古希腊泛神论的文献。不管怎样，我们可以把这首颂歌看作解毒剂，用于针对在同一部书中受到高度赞扬的克里安提斯给宙斯的赞歌。这首赞歌带有显

---
① 古希腊诗人。

而易见的犹太气息，因此，受到大家的喜爱。我绝不相信，斯多葛①主义者克里安提斯，也就是泛神论者，会写出这篇令人憎恶的、吹捧式的赞歌。我倒是猜想，这是某个亚历山大的犹太人所作。无论如何，这种滥用宙斯之名的做法是不对的。

四

在荷马的作品里，许多短语、比喻、概念和习惯用语总是不断地出现，使用时显得很生硬、很呆板，就像是按照一定的模式写作而成的。

五

诗歌的出现要比散文早，斐瑞库德斯是第一个用散文体写作哲学的，迈利特的赫克特斯则是第一个用散文体写作历史的。古人认为，这些事情值得纪念。他们在写作之前，就试图以诗歌的形式真实而持久地保存有价

---
① 哲学的一个流派，主张淡泊、寡欲。

值的事实和思想。当他们开始写作时，就自然而然地用诗歌叙述一切，因为他们除了用诗歌形式保存值得纪念的东西外，并不懂得还有其他文体。那些早期的散文家脱离了诗歌，就像脱离了不需要的东西一样。

六

我们的服装几乎对我们所有的姿势、举止都会产生一定的影响，而古人的服装却不会这样。古人也许按照他们的审美观，感觉到服装窄小的弊端，所以，他们的服装做得比较宽松，不至于紧贴身体。因此，演古装戏时，演员穿上古装，就要避免穿我们的服装时所习惯了的行为举止。所以，他也用不着装腔作势，自吹自擂，像拉辛剧中的法国小丑那样穿着宽大长袍和束腰外衣。

对神话的若干思考

一

这可能是这个现象世界的一切生物的同族系和自在之物的一致性所产生的结果,无论如何,事实是,一切生物都具有相似的类型,某些法则只要得到普遍的理解,那么在万物中都被视为有效的。

由此可以说明,我们不仅可以互相解释或阐明异类的事物,而且在描述中无意间还发现了恰当的比喻和寓言。

这方面查有实据,如歌德关于青蛇无与伦比的美丽的童话。每个读者都几乎情不自禁地去探讨这童话中的寓意，所以，当这本童话出版后，许多读者都怀着满腔热情以各种方式开展研讨活动。对此，歌德感到分外开心，他原本对这个童话并没有寄托寓意。人们可在丁策尔撰写的《歌德作品之研究》（1849）中找到对此的记述，我更早之前从歌德亲自讲述中就知道了此事。《伊索寓言》的起源要归功于事物中具有普遍的类似和典型的同一性，正是以此为依据，可以说历史是寓言式的，也可以说寓言式的是历史的。

自古以来，希腊神话要比所有其他神话提供更多的素材用作寓意分析。希腊神话之所以吸引我们，是因为它几乎为阐明每个基本思想提供了模式，在某种程度上包含了一切事物和关系的原型，这些原型在生活中随时随地可见。

这本来是出自古希腊人要把一切都拟人化的欲念。在最古老的时候，已经由赫西奥德本人用寓意去理解那些神话。比如，他列举出《神谱》中黑夜的孩子，不久又举出伊利斯①的孩子，也就是努力、损害、饥饿、痛苦、斗争、谋杀、争吵、谎言、不公平、灾害和誓言，

---

① 古希腊神话中之女神。

这些只是道德寓意。他描述的拟人化的夜晚和白天、睡眠和死亡，仍然是物质上的寓言。

每个宇宙的体系，甚至每个先验的体系，根据上述理由都可以在神话中找到存在的寓言。总而言之，我们应该把大部分神话视为只是表达猜想到的，而不是深思熟虑过的真理。这是因为古希腊人正如青年时期的歌德那样，他们只能用图像和比喻来表达自己的思想，除此之外，别无他法。

而由克罗伊策阐述的既冗长又烦琐的文章，认真而严肃地对神话进行了分析，其目的在于保存自然的和先验的真理。

对此我必须以亚里士多德的话予以回应，他说："神话也就是废话，不值得认真地去思考。"但是，在神话方面，亚里士多德与柏拉图是对立的[①]，柏拉图喜欢研究神话，但却是通过寓言的方式。

根据上文阐明的观点，我试图就一些希腊神话谈谈其寓言方面的含义。

---

① 《形而上学》第二章，4。——原注

二

在神灵体系头等重要的特征中，我们可以看看一个有关最高的本体论和宇宙起源原理的寓言。乌拉诺斯①是空间，是一切存在的首要条件，与万物承载者盖娅②一道，是第一个生育者。克洛诺斯③是时间。他阉割了生育的本原：时间消灭了每一种生育的能力，或者更准确地说，时间消灭了新的形式之生育能力，在第一个世界周期以后，活的种属之原始生育就停止了。宙斯逃过了父亲的吞噬，宙斯是物质：只有物质逃脱了时间具有的所有其他毁灭性之力量，物质坚持到底，始终不变。宙斯是神灵和人类之父亲。

现在说得详细一点：乌拉诺斯不让自己与土地女神所生的子女见到光明，而是把他们隐藏在地下深处④。这可以说明，大自然的首批动物产品，我们只能看到化石。但是在大地懒目和乳齿象的化石里，我们同样可以

---
① 古希腊神话中之天神。
② 古希腊神话中之土地女神。
③ 古希腊神话中的播种与收获之神。
④ 见赫西奥德《神谱》第156页。——原注

看到被宙斯抛到地下面的巨人。还在上个世纪（指18世纪），人们就想从化石中辨认出倒下的天使。但是，赫西奥德的《神谱》里似乎模糊地隐藏着地球早期变化的痕迹，以及被氧化的、有生命力的表层与通过表层被吸进地球里的不可压制的、控制着氧化物的自然力之间的争斗痕迹。

此外，克罗诺斯使用狡猾的伎俩阉割了乌拉诺斯。这可以说明，时间侵袭了一切，解决了一切，并且悄悄地、不断地把我们带走，最终也夺走了天空和大地，也就是最初与大自然生产出来的新的形体之能力。但是，已经生产出来的形体就作为物种继续存在于时间中。不过，克罗诺斯却吞噬了他自己的孩子，时间不再产生出种属，而只是促使个体出生，但只能生产出非永生的生物。只有宙斯逃脱了这种命运，物质是永远存在的。同时，英雄和贤良也是不朽的。

上述更详细的事情是这样的：在天空和大地，也就是大自然失去了生产新的形体的原始生殖力之后，这生殖力就变成了阿佛洛狄忒①。上文提到，乌拉诺斯的生殖

---

① 古希腊神话中爱与美的女神。

器被割下后掉进大海里，产生了泡沫，阿佛洛狄忒就是由泡沫生成的。这就是有性生殖产生了个体，才保存了现有的物种，因为现在不可能再产生新的物种了。厄洛斯①和希墨罗斯②的出现，其目的就是作为阿佛洛狄忒的伴侣和助手。

三

人性与动物的本性和整个大自然的关系及一致性，也是微观宇宙和宏观宇宙的关系及一致性，从充满神秘的、疑是怀孕的斯芬克斯③身上表露出来，从半马半人之怪物身上表露出来，从爱菲斯④的女猎神乳房下的许多动物形态上表露出来，从埃及的人身和动物头的形状以及印度的象头神身上表露出来，还有从尼尼微⑤的人首牛身和人首狮身上表露出来，人首狮身让人想起了半人半狮的化石。

---

① 古希腊神话中的小爱神，阿佛洛狄忒的儿子。
② 古希腊神话中的欲望之神。
③ 古希腊神话中狮身人首之怪物。
④ 古希腊之都市名。
⑤ 为亚洲西部古国亚述（Assyria）之首都。

四

伊阿珀托斯的孩子表现了人之特性中的四个基本品质，连同带给他们的痛苦。阿特拉斯有耐心，能忍耐。墨诺提俄斯是勇敢的，被征服，然后被毁了。普罗米修斯①善于思考，有智慧，但被束缚了手脚，也就是说，工作和生活受到了阻碍，并被兀鹰，也就是忧虑，啄破了他的心。厄庇米修斯没有思想，不会思索，他的愚昧惩罚了他自己。

将普罗米修斯拟人化，他能未雨绸缪，能为明天着想，这也就是人类超越动物的地方。因此，普罗米修斯具有预见的天资，他的预见天资意味着深思熟虑的预见能力。普罗米修斯把使用火的技术给予人类，这是动物没有的，火的使用给人类的生活技能打下了基础。但是人类为预先享受这种特权，也必须承受不断的忧虑折磨作为处罚，这也是动物所没有的。那只兀鹰，也就是忧虑，以啄食被铁链锁住的普罗米修斯的肝脏为生。厄庇米修斯也许是后来补充杜撰的，他代表事后的忧虑，是

---

① 古希腊神话中的英雄。

对轻率和没有思想者的回报。

普罗提诺在《九章集》里对普罗米修斯做出了一种完全不同的，也就是一种先验的、意味深长的解释。在那时，普罗米修斯是世界灵魂，他创造了人类，并因此被戴上锁链，只有赫拉克勒斯①才能打开它。

我们这个时期的教会死敌则做如下解释：普罗米修斯，也就是理性，是被上帝（宗教）禁锢了，只有推翻了宙斯，普罗米修斯才能得到解放。

五

潘多拉②寓言我始终搞不清楚，甚至觉得很混乱，颠倒是非。我猜想，这个寓言已经被赫西奥德本人误解和扭曲了。潘多拉盒③里储存的并不是这世上所有的祸害，而是所有的财富，就像她的名字所显示的。当厄庇米修斯匆忙打开潘多拉盒时，财富就飞走了，盒里只剩下希

---

① 古希腊神话中之勇士。
② 古希腊神话中女子之祖。
③ 古希腊神话中潘多拉接受宙斯所赐之盒，盒中存有人生之所有祸害，开盒后祸害四处传播，致世人遭受困苦。

望,并把希望留给了我们。最后,我满意地发现,古人有几段话与我的意见相符,也就是《文集》①里的警句和在该书里被引用的巴布里乌斯的一段话,开头是这样说的:"宙斯把所有的好东西都收集在一个桶里。"②

六

赫西奥德在《神谱》③的两个段落中,称那特别的书信体诗"洪亮的声音"为赫斯珀里得斯姐妹④所作。把她们姐妹的名字和她们逗留的时间延长到傍晚联系起来看,这使我产生了奇特的想法:可否认为蝙蝠施用什么方法假借赫斯帕里得斯之名做掩护?那首诗的韵律与蝙蝠发出的短促、口哨般的声音相符,此外,用"傍晚的女儿",比用"深夜的女儿"更合适,因为蝙蝠更多时候是在傍晚而不是在深夜飞出去寻觅昆虫,恰恰拉丁文vespertiliones意为蝙蝠,拉丁文vesper意为傍晚。因此,我

---

① 即《希腊文集》,雅各布斯编,第七章,书信84。——原注
② 引自巴布里乌斯《寓言》,58。——原注
③ 《神谱》中的诗篇,275和518。——原注
④ 古希腊神话中夜神之女。

不想压抑这样的想法,有人会由此引起注意,可能找到一些例子来证实这种说法。如果天使是有翼的公牛,为什么赫斯帕里得斯姐妹就不可能是蝙蝠呢?也许她们就是阿尔基托厄及其姐妹在奥维德①作品《变形记》②中变成的蝙蝠。

七

猫头鹰是雅典娜③之鸟,可能是学者们夜间研究的结果。

八

神话让克罗诺斯吞食石头,并消化它们,这不是没有理由、没有意义的,因为悲伤、烦恼、损失和伤害是完全无法被消化的,只有时间能将其消化掉。

---

① 奥维德(前43—约17),古罗马诗人。
② 第四章,第391页。——原注
③ 古希腊神话中司智慧之女神。

关于音乐

一

音乐是真正通俗的、人类通用的语言,因此,各个国家从古至今都极其认真、极其热情、不间断地谈论着音乐,创作出一种意义深远、令人回味无穷的旋律。这种旋律很快就传遍世界各地。与此同时,毫无意义和空洞无物的旋律就逐渐消失。这就证明,旋律的内容是很好理解的。

音乐不是描述事物,而是传递欢乐和悲哀之情的。乐与悲对意志而言是唯一的现实性。因此,音乐是直通心灵的,不用直接向脑袋描述任何东西。如果强求音乐这样做，就像在所有描绘性音乐里出现的那样，就是滥用音乐。因此，这些描绘性音乐是永远不被采纳的。

虽然海顿和贝多芬曾误入此种音乐，据我所知，莫扎特和罗西尼没有这样做过。因为一种是表达情感的，另一种是描述事物的。

这一普通语言的语法也被调节成规范，虽然这发生在拉莫为此奠定基础之后。而说到词汇，如上所述，我认为，要把这一预言的内容所包含的无可置疑的、重要的意义揭示出来。也就是说，让理性能够把握音乐在旋律与和声方面的某些内容。

在我做这件事之前，没有人认真地尝试过。这件事就像很多其他事一样，证明人们压根就极少去思考和深思，他们更多的是浑浑噩噩地苟且偷生。他们不管走到哪里，一心只想享受，而且尽量不动脑筋。他们的天性使他们这样做。

因此，如果他们误以为必须装扮成哲学家，误以为他们就像人们看到的哲学教授们及其卓越的作品与对哲学、真理的真诚热忱一样，那就很滑稽了。

二

　　普遍而通俗地说，大家都敢直抒己见：音乐就是旋律，这个旋律就是世界语言，但人们只有理解我对音乐的解析才能明白世界语言的本来意义。

　　可是现在，音乐同每次附加给它的特定的外在关系，比如词语、动作、进行曲、舞蹈、宗教或者世俗的典礼等，两者的关系类似建筑与艺术的关系，仅仅是美化罢了。也就是说，他们建造的真实的建筑物，都必须考虑到作为纯美学目的的艺术，因此，建筑物就得寻找用得上的，与它们自己用途异样的艺术来建造，这些建筑物是按那些艺术要求建成的。这么说吧，寺庙、宫殿、武器库、剧院等就这样建起来了，建筑物既美观又达到目的，甚至通过其美学特征宣传自己的目的。那么，音乐用词，或者诸如此类的，涉及现实的音乐正是由于这种不可避免的从属关系而变得恰如其分。音乐必须先为自己填词，尽管它完全不需要词语，是的，没有词语，音乐会显得更加自如。但是，音乐不仅要使每一个音符对上词语的长短及其词义，还要始终和一些词语取得一致，同时还要担起附加给它的任意用途的其他特点，如教堂音乐、歌剧音乐、军乐、舞蹈音乐等诸如此类的音乐。但这一切都是与音乐的本质毫无关系的，就如纯美学的建筑艺术与人们的利用目的毫不相关一样，音乐和建筑这两者都要有利于使用目的，而让自身的目的服从于它们异样的目的。对建筑艺术来说，这些几乎总是不可避免的；音乐就不是这样，音乐在协奏曲、奏鸣曲，尤其在交响乐里自由发挥，在其最佳的嬉闹场地里纵情狂欢。

此外，我们现在的音乐也在走下坡路，类似陷入与罗马帝国晚期的建筑相同的处境。这些建筑物有部分修饰物过分地装饰，回避了主要的、简朴的关系，有的部分甚至脱离了主要的、简朴的相互关系。也就是说，音乐制作许多噪声、许多乐器、许多技巧，但是，音乐创作缺少明晰的、深刻的和感人的基本思想。特别是在当今乏味的、空洞的、毫无旋律的音乐作品中又只有当今的品味，这种品味喜欢模糊不清的、动摇不定的、朦朦胧胧的、捉摸不定的文风，是的，就是毫无意义的文风。这种文风主要起源于那个可怜的黑格尔学说及其骗术。

给我罗西尼的音乐吧,这种音乐没有歌词!——在当今的音乐创作中可以看出,和声比旋律更多,我的看法截然相反,我认为旋律是音乐的核心,和声与旋律相比,就像是调味汁与烤肉一样。

三

值得一提的是,在音乐中,创作的价值超过了演出的价值,在戏剧里则正好相反。也就是说,一首卓越的乐曲,只是普普通通地、单纯地、完美无误地演奏,与拙劣乐曲的最高超演奏相比,具有更多的享受。反之,由出色的演员表演的一出拙劣的戏剧,与由外行表演的最优秀戏剧相比,则具有更多的享受。

一位演员的任务就是以千百个完全不相同的角色去表现人性的各个方面。所有这些角色当然要以直接原有的、永不磨灭的个性作为共通的基础。出于这个原因,演员本身必须是一位非常优秀的、有完整人格的榜样,至少不能有这样的缺陷。正如哈姆雷特所说的那样,他的表演好像不是他本身自然完成,而是由他的几个帮手完成的。然而,一个演员自身的个性越是接近他表演的人物性格,他就表演得越好,而最好的是演员的个性与其扮演的角色之性格相吻合。因此,最差的演员也可以出色地表演一个角色,因为他那时就像许多面具中的一张鲜活的面孔。

作为一个好的演员要具备如下条件:一是具有把人的内心世界展现出来的天赋;二是他要有想象力,以此生动地想象虚假的场景和事件,使之激发他的内在情绪;三是具有恰到好处的悟性、经验和修养,以便能够恰如其分地理解人的性格和境况。

学会一门外语

一

学会多种语言不仅是直接地,而且也是间接地进一步提高智力教育的手段。因此,查理五世说过:"一个人掌握多种语言,就是多活了几次。"其原因如下。

一种语言的每一个词,不一定在其他语言里可以找到准确的对应词。也就是说,由一种语言的词语说明的全部概念,并非与其他语言的词语所表达的概念完全一样,尽管通常情况下可以对应,甚至偶尔会有非常显著的例子,比如希腊语和拉丁语的"理解"、英语和法语的"裁缝",都是这种情况。

有时在某种语言里没有表达某一个概念的一个词，但在其他大多数语言，甚至可能在其他所有语言里都有这个词。这里有个非常离奇的例子，法语居然没有"站立"这个动词。在某种语言里发现一个词有几个概念，一词多义。例如，拉丁语的"affect"，法语的"naiv"，英语的"comfortable""disappointment""gentleman"和很多其他词。有时，一门外语的词所表达的概念会有细微差别，而我们自己的语言并没有这种概念的差别。因此，我们就会用那个有概念差异的外语词来思考这种概念。那么，为了准确表达自己的思想的人就要采用外来词，不要把迂腐的纯语主义者的不断狂吠放在心上。在某种语言里，无法把一个概念用某个单词标出来，这如同在其他语言里一样。那么，词典就要列出这个词的多个同义词。由此可见，所有的翻译都欠缺必要的单词。人们把任何有特性的、精辟的和意味深长的套叠长句，由一种语言转换为另一种语言后，几乎无法使句子有同样准确和完美的效果——诗歌是无法翻译的，而只能改写；这在任何时候都是棘手的。再说散文吧，最好的译文与原文相比，至多也就像把原有的音乐转换成另一个曲调。懂音乐的人知道，这是怎么回事。因此，每一种翻译都是无生气的，它的风格是将就的、僵硬的、不自然的；或者翻译者自由发挥，这是说，满足于和原文差不多，这自然是错误的。收藏翻译作品的图书馆就好比是展出油画复制品的画廊。甚至古代作家的翻译作品也只是代替品，就像菊苣咖啡代替纯正咖啡一样。

因此，在学习一种外语的时候，困难首先在于，要学会这个外语单词的概念是什么，尤其是自己的母语没有这个概念的准确的相应词，这是常有的情况。因此，在学习一门外语时，人们必须在脑子里划定更多的全新的概念范围。这样，在还没有概念范围的地方就产生了概念范围。因此，人们不仅学会了单词，还获得了概念。这是在学习古代语言时最好的状况；因为古人的表达方式和我们现代人的表达方式有很大的不同，这种差别比现代语之间的差别还要大。从这一点可以看出，人们想把一种文字翻译成拉丁语，必须完全使用其他不同于原文的用语。确实如此，在大多数情况下，要翻译成拉丁文的思想必须重新提炼，并改写。同时，要把这些思想内容分解为最基本的组成部分，再重新组合起来。

人的思想正是这样通过学习古代语言获得巨大的进步。人们要正确理解所学习的语言每个词语所说明的所有概念，还要直接想到和该语言的词语准确相应的概念，而不是先把这个词语翻译成母语的一个词语，然后通过这个词语去思索标明的概念，这个标明的概念还不一定是所学语言准确的相应词。而这同样涉及所有词组——之后才能领会要学的语言之精髓，以此对了解这门语言的民族迈出了一大步：因为个人的思想风格就如同民族的语言风格一样。如果能够不按书本的字句翻译，而是能够按自己的思想用这种语言翻译出来，那才算是完全掌握一门语言；这样，他才能不失个性直接用这门语言交流，也就是说，外国人此时就像老乡一样享受他说的话。

能力低下的人本来就不容易掌握一门外语：他们也许学会这门外语的词语，但用起这些词语，总是按照母语里和这门语言差不多对应的词语的意思来使用，还总是保留其特有的表达和短语。他们根本不可能掌握外语的精神实质，这是由于他们自身的思维不是用自己的方法，而是大部分从他们的母语那里挖掘出来，用母语常用的短语和惯用语取代了他们自己的思想；因此，他们在使用自己的语言时也不断使用通用的惯用语，这些惯用语本身组合起来甚至很不顺当。这使我们发现，他们想到的这些词组的意思是多么不完整，他们的整个思路不能跳出这些词语，以致使之不比鹦鹉学舌强多少。基于与此相反的理由，遣词造句、恰如其分，是不容争议的主导精神的标志。

那么，上面所述说明，在学习每一门外语时，为了给予新符号含义，新的概念就形成了。原本因只有一个词来表示而结合在一起构成的宽泛、不够明确的概念，就会彼此分离。这样，我们便发现了此前未知的关系，因为外语通过它特有的修辞或隐喻来阐释概念。照这么说，通过新学的语言认识了事物的许多细微差别、相似性、差异性和关系，我们也就获得了对所有事物的多方面的见解。现在，由此得出结论，我们在应用每种语言时的思维不同，因此，我们的思想通过学习每一门语言而获得新的改进和不同的色彩。于是，通晓多种语言，除了运用许多间接思维之外，也是培养直接思维的方法。通过概念出现的多种变化和细微差别，思维就更正和完善了我们的看法，这和我们增强思维的灵活性一样，通过学习多种语言，越来越多词语的概念就可以得到解决了。与新的语言相比，古老的语言对概念做出更大的成绩。古老的语言和我们的语言会有很大的差别，鉴于差别，那就不允许我们一字一句描述，而是要求我们吸收其思想之精华，然后把这个思想用另一种形式表达出来（这是学习古老的语言重要性的许多原因之一）。或者（允许我借用化学上的比喻），当我们将一门现代语言翻译成另一门语言时，至多要求我们把要翻译的多元组合句分解为它们最接近的组成部分，然后用这些组成部分重新组句，要翻译成拉丁文则经常要分解到它们最原始的和最近期的组成部分（纯粹的思想内容），然后由这些组成部分再生成完全不同的形式。结果是这样，比如在那里是用名词表达的，在这里却是用动词表达，或者相反，诸如此类。由古语翻译成现代语言时，永远是同样的步骤；由此可见，借助这些翻译作品来认识古代作家是多么不着边。

古希腊人没有从学习外语中得到好处，这样一来，他们虽然节省了不少时间，但他们没有节俭地使用时间，比如自由人每天在市场上长时间溜达就证明这点，这不禁令人想起那不勒斯流浪者和意大利人在广场上百无聊赖的情景。

最后，从上述中可见模仿古人的风格和语言——其语言远超我们的语言，尤其语法更为完美——可以帮助我们用母语灵活、完美地表达思想。要成为伟大作家，这样做是必要的；这正如对那些在成长中的雕塑家和画家一样是必要的，在他们进入自己的创作之前，都要通过仿造古代的样式来造就自己。我们只有通过用拉丁语写作才能把措辞处理成艺术品，其材料是语言。因此，必须十分仔细谨慎地处理语言。为此，现在就要更加注意词语的意思及价值、词语的组合和语法形式；我们要学习准确地权衡这些东西，处理珍贵的资料，看看哪些适用于表达和保留宝贵的思想；我们要学习尊重语言，不要随心所欲地、没有规则地去改变这门语言来写作，没有参加过语言培训，写作很容易成为一堆空话。

不懂拉丁文的人，就像一个人身处在环境优美，但雾气蒙蒙的地方：他的视野是非常有限的——他只能清楚地看到眼前的事物，走远几步他就看不清了。会拉丁文的人的眼界相反，他看得很远，可以看到新世纪、中世纪和古代。会希腊语，或者甚至还会梵文的人自然能更显著地扩大眼界。不懂拉丁文的人只是平民百姓，即便他是伟大的静电机方面的精湛技巧专家，而且在坩埚炉里提炼出了氢氟酸根。

你们很快就会发现，你们那里不懂拉丁文的作家就像理发师的学徒工一样，除了夸夸其谈什么都不会。他们已经能正确地使用法语习惯用语，而且也能运用短语。高贵的日耳曼人，你们转向了卑鄙，而且你们会找到卑鄙的行径。

真正为懒虫挂起招牌以及培育无知苗子的，就是当今敢于公开附有德文注释的希腊文出版物，甚至（令人胆战心惊地说）拉丁文出版物！多么无耻的行为！如果总是对学生说母语，他该怎么学习拉丁文呢？因此，"在学校里只能说拉丁文"是一条好的老规矩。教授先生不能轻松地用拉丁文写作，学生也不能轻松地阅读拉丁文，这是一件多么滑稽的事情，随你们怎么想吧。这背后的原因在于懒虫及其无知，别无其他。而这是多么无耻！无知什么都没有学到，什么都不学，而懒虫什么都不想学。在我们的时代，抽雪茄和论国事驱逐了博学，就如大一些的孩子看图画册取代了看文学杂志一样。

二

所有文字的任务是用人们的理解，通过视觉符号唤起概念，那么，首先是听觉符号的信号摆在眼前，而又先把这个符号作为概念本身的载体，很明显，这样就拐了一个大弯。所以我们的字母文字只是信号的一种符号。因此，我们要问，听觉符号对视觉符号到底有什么优势，以致让我们不走从视觉到理解的直路，而去走一条大弯路。这条弯路就是，要先让视觉符号通过听觉符号这个中介，然后传递到对他说话的陌生人的头脑里。按照中国人的方法显然会更简单，就是把视觉符号直接作为概念的载体，而不是仅仅作为语音符号；与听觉符号相比，视觉符号能够接受更多的和更细腻的变化，也还可以允许多个印象同时并存。听觉符号则相反，它的特性只存在于时间里，所以做不到这些。在这里需要回

答的理由大概就是这些了:

第一,我们天性就会先抓住听觉符号,而且首先是表达我们的情绪,而后也表达我们的思想。这样,在我们想到去设计一种视觉的语言之前,我们就已经有了用于耳听的一种语言。但在这之后,在必要时将视觉转化为听觉,就比设计或学习一个全新的、完全不一样的视觉语言简便多了。尤其因为人们很快就发现,无数词语都能被简化为少数音素,因此,借助这些音素就可以把这些词语表达出来。

第二,虽然眼看可以比耳听把握多方面的变化,但人们可以提供工具使耳听发生变化,而没有工具使眼看发生这些变化。还有,我们永远不能像听觉符号那样快速产生视觉符号,让这些符号发生变化,这可能与舌头动作有关;又如聋哑人不完善的手语也可以证明这点。这从一开始就使听觉成为语言重要的感官,也因此成为理性的感官。但是,现在看来,这基本上只是外在的和偶然的原因,而不是来源于任务自身本质的原因,由此看来,直路不是最好的,而是个例外了。因此,如果我们抽象地、纯理论地和先验地考察文字,中国人的方法其实是正确的，即便他们没有考虑到现实情况可以选择另一种做法，人们也只能够责怪他们有点谨小慎微。与此同时，经验也显示出汉字有极大的优势。也就是说，我们不需要懂中文也可以表达中文的意思；相反，每个人用他自己的语言阅读汉字，就像我们的数字符号，这些数字就是数字概念，汉字符号则用于所有概念；而且代数符号甚至用于抽象的量级概念。因此，就如到过中国五次的一位英国茶叶商对我信誓旦旦地说，在整个印度洋地区，汉字是来自不同国家、语言不相通的商人互相理解的公用工具。这位商人甚至坚定地认为，汉语将会以这个特点传遍全世界。J.F.戴维斯在他的作品《中国人》（1836年出版，伦敦，第15章）里就有与此完全一致的报道。

植物之美

无机自然界如果没有水,如果没有一切有机物,那确实会给我们造成非常悲凉和压抑的印象。举个例子,看看完全光裸的岩石地带,尤其在法国土伦附近,一条穿过土伦到马赛的路上,有个狭长的岩石谷,没有一点植物。大规模的、更惊人的例子要算非洲沙漠了。这种无机自然界使我们产生悲凉的印象,首先是因为无机自然界只遵循重力定律,因此,这里的一切都是按照重力定律的方向存在的。反之,我们很乐意直接见到植物,而且非常高兴;当然,植物越是繁多,越是多种多样,越是绵延不绝,而且让植物自己随意生长,那就更加生机勃勃了。

植物的出现，最明显的原因在于植物克服了重力定律，植物界正好按照重力定律相反的方向生长起来：因此，生命这不寻常的现象就直接宣告，它是一个崭新的、更高层次的事物。我们自己属于这一类，它和我们是同类的，是我们存在的组成部分，这个看法使我们心旷神怡了。因此，我们看到植物世界向上垂直伸展，就会立马高兴起来，如果在一片美丽的树林中间有几棵笔直的、直冲云霄的尖尖的松树，那就更加不寻常了。

反之，我们对被砍倒的树木就没有这种感觉，实际上，与笔直挺拔的树木相比，长得歪歪斜斜的树木已经很少了：树枝垂落的垂柳之所以得名，就是因为重力使垂柳的树枝下垂。由于赋予生命表象的流水的大量运动，以及流水通常不断地和光发生反应，它便消除了其无机本质的悲凉效果，尤其它是一切生命的原始条件。

观察植物大自然让我们心情愉快，那是因为大自然表达安详、平静和愉悦。而动物呈现在我们面前的大多是不安的、困扰的、争斗的状态。因此，植物大自然很容易让我们进入纯粹认知的状态，这就使我们释然了。

比如植物大自然，即便是最普通的、数量极少的植物，只要它们不随意受人影响，周围马上就会呈现出一幅画卷。这一点，在每一块没有被开垦过的地方，或者是还不能被开垦的地方都得到了证明，即使那里只长着飞廉、荆棘丛和最普通的野花。相反，在谷物和蔬菜地里的植物世界的美感就逊色多了。

比喻和寓言

一

我站在成熟的庄稼地里，前面有一块被人随意踩踏出来的路口。在那里，我看见在无数彼此完全相同的，挂着饱满、沉甸甸穗子的茎上长着各色各样的黄花、红花和紫花，它们和枝叶彼此相映，看起来格外靓丽。但是，我想，它们毫无用处，没有果实，而且本来就是杂草罢了，人们容忍它们长在这里，是因为没法把它们清除。它们毕竟在美化环境这方面独树一帜，引人注目。那么，这些花朵在重要的、有益的和丰富的市民生活中的各个方面都起到和诗歌以及美好艺术相同的作用。因此，这些花朵可以被视为诗歌和艺术的象征。

二

有一棵树枝伸展的苹果树，树上的艳丽花朵怒放。苹果树后面，一棵松树昂起它黑色的尖顶。

那棵苹果树对这棵松树说："你看铺盖在我身上的千万朵美丽鲜艳的花朵！和我对比一下，你怎么展示自己呢？深绿色的松针。"

"或许是真的，"圣诞树回答说，"但是，等到冬天来临时，你会光秃秃地站在那里，而我却和现在一样。"

三

我曾经在一棵橡树下面采集植物，我在树茎之间发现一种黑色的植物，它们的个头大小相仿，都有长在一起的叶片和笔直坚挺的叶柄。当我触摸这株植物时，它铿锵有力地说："让我长在这儿！我不是像其他树茎一样用作植物标本的，大自然只给予它们一年的寿命。我的生命是按世纪衡量的：我是一棵小橡树。"于是，它长在那里，结果，它应该持续了几个世纪，先是个孩儿，而后长成年轻人，长成个大男人。是的，也就像一个活着的人，好像和其他人一样，而且和他们一样微不足道。但是，让时间流逝吧，随着时间的推移必定有人慧眼识珠！他不会像他人那样逝去。

四

我找到一朵野花，为其靓丽以及整朵的完美无缺而惊喜不已，我随之喊了起来："你这野花以及所有类似你的千千万万朵野花，靓丽闪烁，枯萎凋谢，却得不到人们的观赏。事实就是，你们经常难得被人看上一眼。"

然而，野花回答说："你这个傻瓜，你以为我盛开是为了给人看？我是为我，而不是为别人绽放的，我是因为喜欢绽开而怒放的：我绽放是因为我是花，它给我带来愉快和乐趣。"

五

一块美丽的、繁花盛开的绿洲环顾四周,除了沙漠它什么都看不到。

它试图找到类似自己的绿色地带,但徒劳。这时它抱怨起来:"我是多么不幸,多么孤独的绿洲!我得孤单单地留守着!没有一处地方与我相同!是啊,哪怕只有一只眼睛看着我,而且喜欢我的草地、泉水、棕榈树和小灌木都好,可是没有!除了我,四周都是可悲的、沙土飞扬的、多岩石的、无生命的沙漠。在这荒凉之地,我所有的优势、美景和财富,岂不是徒劳无益吗?"

这时,头发灰白的沙漠老太说:"我的孩子,如果事情不是这样,如果我不是悲凉的、贫瘠的沙漠,而是繁花茂盛、青葱翠绿和充满生机,那你就不是绿洲,不是受人宠爱的地方,不是受到远方的游客谈论赞美的地方,而只会是我这里的一小块地方,就会变得微不足道,也不会引人注目了。因此,耐心地忍受你的拔萃和你的声誉是前提。"

六

在一个寒冷的冬天,一群豪猪为了不受冻,拥挤在一起相互取暖。然而,它们很快感觉到彼此身上的刺,于是又分开了。当需要取暖时,它们又再次靠在一起,那种刺痛第二次袭来,两种痛苦来回折磨它们,最后它们找到了可以忍受的、合适的、相互之间的最佳距离。

由于人们的内心空虚和无聊,于是,社交就需要人们走到一起,但他们的许多特性和令人无法容忍的缺点又让他们互相排斥。他们最终找到了可以保持相处的适当距离,那就是礼貌和良好的品德。在英国,谁不保持这个距离,人家就会对他喊道:保持距离! 尽管这个距离可能不能完全满足相互之间取暖的需求,但是可以因此感觉不到刺痛。

当然,谁有自身内在的能量,那就情愿远离社交,以达到不指责他人,自己也满意的目的。

附录

叔本华生平年表

1788年　2月22日,阿图尔·叔本华生于但泽(今波兰格但斯克)。父亲海因里希·弗洛里斯·叔本华,母亲约翰娜·叔本华,娘家姓特罗西纳。

1793年　波兰被第二次瓜分。但泽被划归普鲁士。叔本华一家迁往汉堡。

1797年　6月12日,妹妹阿德勒出生。

7月,随父亲去法国。在巴黎近郊住了两年,学习法语和法国文学。

1799年　返回汉堡,按父亲的意愿进私立学校学习商务。

1803年　随父母一起去现荷兰、英国、法国、意大利、奥地利、瑞士等国旅行,历时两年。

1804年　8月,结束旅行,回到但泽,在巨商雅各布·卡布隆处学习。

1805年　年初,在汉堡大商人马丁·约翰·耶尼施处学习。

4月20日,父亲去世。

1806年　5月,母亲迁居魏玛,叔本华独自留居汉堡。

1807年　5月,经母亲同意,叔本华放弃商业学习。

6月,开始在戈塔文科中学学习。

12月,因写诗讽刺一位教师,而被迫离开文科中学,迁居魏玛,改上魏玛中学。

1809年　9月,进哥廷根大学学习。第一年在医学系学习,第二年转入哲学系,研读了柏拉图和康德的著作。

1811年　9月,转入柏林大学,继续学习哲学,还研读自然科学。

1813年　完成博士论文《论充足理由律的四种重根》,获得耶拿大学哲学博士学位。

11月,结识歌德,歌德赞赏其博士论文,二人讨论了颜色理论。

1814年	4月30日,《哥廷根学报》发表了对叔本华博士论文的第一篇评论。
	5月,离开魏玛,后在德累斯顿住了4年。
1815年	撰写《论视角和颜色》。
1816年	出版《论视觉与颜色》。
1818年	3月,完成《作为意志和表象的世界》初稿。
	9月,赴意大利旅行。
1819年	年初,《作为意志和表象的世界》出版。
	将该书寄赠歌德,歌德赞扬其天才和文章的风格。
	12月30日,维也纳《文学年鉴》和魏玛《文学周》发表了第一批对《作为意志和表象的世界》的否定性评论。
1820年	2月,被聘为柏林大学哲学系编外讲师。
1821年	8月,与女房客发生诉讼案。
1822年	5月,离开柏林,重游意大利。
1823年	因病右耳失聪。
1824年	回德累斯顿。准备翻译休谟作品,未果,只写了一篇序言。

1825年	重回柏林,为诉讼案奔走。
1826年	5月,诉讼案判定,被判供养女房客一生。7月,回柏林大学。
1831年	霍乱袭击柏林,逃离柏林。
1832年	定居法兰克福。
1835年	撰写《论大自然的意志》。
1838年	4月17日,母亲去世。
1839年	参加挪威皇家科学院征文比赛,题为《论道德的基础》,落选。
1841年	将《论意志的自由》和《论道德的基础》两篇征文汇集出版,题为《伦理学的两个基本问题》。
1843年	增补《作为意志和表象的世界》,完成全部哲学体系。
1844年	《作为意志和表象的世界》增订版发行。
1845年	多尔古特发表《叔本华及其真理》一书。
1847年	博士论文再版。
1849年	8月25日,妹妹阿德勒去世。
1850年	完成论文集《附录和补遗》。

1851年	11月,《附录和补遗》在柏林出版,获得好评。
1854年	《论大自然的意志》第二版出版。
	瓦格纳赠给叔本华一部歌剧《尼伯龙根的指环》,并称赞其音乐哲学。
1855年	在法兰克福举办《叔本华油画像展览会》。
1857年	波恩大学讲授叔本华哲学。
1858年	2月22日,七十寿辰,贺函从各地飞来。
1859年	《作为意志和表象的世界》第三版发行。
1860年	9月21日,去世。